OPINION DE LAMARTINE

LE PRINCIPAL FONDATEUR DE LA RÉPUBLIQUE DE 1848

ET DU SUFFRAGE UNIVERSEL

SUR LE

SCRUTIN DE LISTE

COMPLÉTÉE

Par ÉMILE DELAURIER

SUIVI DE

QUELQUES IDÉES GÉNÉRALES POUR LE BONHEUR DE LA FRANCE
ET DES AUTRES NATIONS
ET SOMMAIRES D'UN OUVRAGE SUR UNE BONNE ORGANISATION
DE LA RÉPUBLIQUE FRANÇAISE

2 francs

PARIS

A. LAHURE, IMPRIMEUR-ÉDITEUR

9, RUE DE FLEURUS, 9

1883

OPINION DE LAMARTINE

SUR LE

SCRUTIN DE LISTE

7015. — PARIS, IMPRIMERIE A. LAHURE

9, rue de Fleurus, 9

OPINION DE LAMARTINE

LE PRINCIPAL FONDATEUR DE LA RÉPUBLIQUE DE 1848
ET DU SUFFRAGE UNIVERSEL

SUR LE

SCRUTIN DE LISTE

COMPLÉTÉE

Par ÉMILE DELAURIER

SUIVI DE

QUELQUES IDÉES GÉNÉRALES POUR LE BONHEUR DE LA FRANCE
ET DES AUTRES NATIONS
ET SOMMAIRES D'UN OUVRAGE SUR UNE BONNE ORGANISATION
DE LA RÉPUBLIQUE FRANÇAISE

2 francs

PARIS

A. LAHURE, IMPRIMEUR-ÉDITEUR
9, RUE DE FLEURUS, 9

1883

OPINION DE LAMARTINE

LE PRINCIPAL FONDATEUR DE LA RÉPUBLIQUE DE 1848
ET DU SUFFRAGE UNIVERSEL

SUR LE

SCRUTIN DE LISTE

« Le scrutin de liste c'est l'intrigue ! »
LAMARTINE.
« L'expérience a prouvé que le scrutin
« de liste amène la guerre civile et la
« dictature. »
DELAURIER.

PRÉFACE

Beaucoup de personnes ne font pas une grande
différence entre le scrutin uninominal et le scrutin
de liste pour représenter la Nation ; cependant cela
a une importance tellement considérable que l'avenir de la France dépend d'un bon mode d'exercer
le suffrage universel : c'est le bonheur ou le mal-

1

heur du pays qui est en jeu. Un grand nombre de vieux républicains, par une logomachie impardonnable, admettent que par le scrutin de liste on nomme les représentants de la Nation entière, tandis que par le scrutin uninominal on ne nomme que les représentants d'un collège. Le scrutin de liste ne s'étendant qu'aux départements, — heureusement, — les députés ne représenteraient que des départements et ne seraient pas plus les députés de la France que ceux uninominaux des arrondissements et des collèges électoraux.

Le scrutin de liste est le contraire d'un principe, puisqu'il n'a été qu'une arme de guerre transitoire pour faire triompher les libéraux lorsque le suffrage était très restreint. Un expédient n'est jamais un principe, et encore moins un dogme pour les républicains.

D'autres personnes ont adopté le scrutin de liste par la seule raison que ce mode de suffrage a été celui de la république de 1848 et que l'empire a adopté le scrutin d'arrondissement. Elles ne réfléchissent pas que c'est justement le scrutin de liste qui a été la cause première de la chute de la République en donnant des représentants qui n'étaient pas du tout les élus de la Nation.

Le scrutin de liste pourrait être un instrument de dictature, que cela seul devrait suffire pour le rejeter. Nous en voyons assez la preuve dans ce qui se passe en ce moment même par l'ambition insatiable et incorrigible de ce faux républicain que l'on nomme Gambetta. Peu de personnes se sont rendu compte de la cause qui a amené ce mode de votation si perfide et si dangereux.

Les libéraux et même les républicains d'avant 1848, n'espérant pas faire adopter le suffrage universel, ont repoussé le suffrage uninominal, qui est cependant le plus rationnel, parce que le très petit nombre des électeurs d'un collège électororal donnait facilement prise à la corruption, l'influence du clocher régnait dans toute sa force. C'était une arme de guerre peut-être nécessaire avec le suffrage restreint et qui devient absurde, nuisible, détestable avec le suffrage universel, car avant tout il faut connaître les gens que l'on nomme, et il faut avoir une influence sur eux.

Que le parti démocratique ait adopté ce mode de votation où toute l'opposition se compte, cela a eu sa raison d'être, mais c'est un danger très grave pour la liberté. C'est pourquoi je vais donner l'opinion si bien formulée par l'illustre Lamartine en 1848, et ensuite la mienne depuis 1848 jusqu'à nos jours.

J'ai eu plus que ce grand citoyen une expérience plus prolongée qui prouve la justesse de nos opinions et les malheurs terribles qui pourraient résulter de l'adoption du mode vicieux de votation par le scrutin de liste.

Ainsi non seulement il est tout à fait inopportun de proposer actuellement ce système absurde, mais je suis persuadé que c'est le moyen le plus efficace pour fausser le plus complètement le suffrage universel ; je m'étonne que l'empire ne l'ait pas conservé ; cela prouve son inintelligence. Ne pas vouloir du scrutin uninominal, parce que c'était à peu près le même vote sous l'Empire, ce serait être aussi dépourvu de raison.

L'emploi du scrutin de liste fait remonter à la surface toute la tourbe des intrigants, des solliciteurs, des pique-assiettes et de tout ce qui a besoin de suivre des chefs pour se faire nos maîtres et qui, ensuite, se vante de savoir écraser les révolutions qu'elle a provoquées, comme cela arriva en 1848 et en 1871.

J'ai cherché avec ardeur la cause de nos malheurs depuis 1791. J'ai trouvé, j'en suis persuadé, que

c'est le funeste scrutin de liste qui a toujours
faussé la voix du peuple, cette voix si sage et que
je proclame infaillible lorsqu'elle est fidèlement
reproduite.

OPINION DE LAMARTINE

Quel est le but que doit se proposer le législateur
dans l'organisation du mode de suffrage universel?

C'est d'interroger la conscience du pays.

Quel est le moyen d'interroger la conscience du
pays?

C'est de lui poser les questions que le pays puisse
comprendre, juger, résoudre.

De quelle manière le scrutin de liste pose-t-il les
questions devant le pays?

Il les pose de telle façon qu'il est radicalement
impossible au pays de les comprendre, de les juger
et de les résoudre.

Allons aux preuves.

Quelle est la question que l'élection par scrutin
de liste pose au pays?

C'est la question de savoir par qui, de celui-ci
ou de celui-là, il croit devoir être et il veut être
représenté?

Comment le pays peut-il savoir par qui, de celui-ci ou de celui-là, il peut être représenté?

C'est en étudiant l'intellignce, la moralité, la probité, le désintéressement, la considération, les antécédents, la vie, les mœurs, les opinions de son candidat; c'est en faisant pour ainsi dire l'enquête personnclle sur celui qui se présente à son choix; c'est en le comparant à ceux qu'on lui oppose; c'est en le connaissant, en l'interrogeant, non dans un interrogatoire de parade qu'on appelle une réunion électorale ou un club, mais dans sa vie entière; c'est en s'assurant, en un mot, qu'on ne sera trompé ni dans sa confiance ni dans ses opinions.

Or, comment le scrutin donne-t-il au pays le moyen de faire cette enquête sur la personne et sur les opinions des candidats?

Vous le savez, en éteignant toutes les lumières, en éloignant tous les objets, en écartant tous les renseignements, en supprimant toutes les responsabilités, en brisant tous les rapports naturels entre les électeurs et les candidats, en un mot, en créant systématiquement les ténèbres, la confusion, la mêlée des noms, l'ignorance des hommes, la brigue, la cabale, l'escamotage le plus complet de confiance qu'on ait jamais combiné pour duper un peuple.

Et, en effet, toutes les conditions d'une bonne élection n'y sont-elles pas trompées? Prononcez vous-mêmes.

La première condition d'une élection c'est la lumière. On vote à tâtons.

La seconde condition d'une élection, c'est la liberté. On vote par force vingt noms inconnus ou odieux pour avoir celui qu'on préfère. On est enchaîné, on est serf d'un club rouge ou blanc, on abdique son indépendance.

La troisième condition, c'est la vérité de l'élection. On ne sait pas ce qu'on vote ; si l'on vote bien, c'est par hasard. Vingt fois sur dix, on vote ainsi pour un homme qui représente les opinions les plus opposées aux nôtres. On veut dire *oui* et le scrutin dit *non*. On veut dire *non*, et il dit *oui*.

La quatrième condition de l'élection, c'est d'être sincère. On risque de mentir sans le vouloir à chaque nom inconnu qu'on écrit. On vote sur la foi d'autrui, jamais sur la sienne. Que devient la sincérité?

La cinquième condition de l'élection et la principale, c'est d'être honnête et consciencieux. Vous jurez à vous-même de nommer le plus probe et le plus capable, et vous nommez qui ? peut-être le plus ignare et le plus intrigant.

La sixième condition de l'élection, c'est l'indépendance. Dans le scrutin de liste, vous obéissez forcément à une coterie, à un club, à une faction; votre jugement isolé et personnel n'y est pour rien. Vous êtes la main tenue par une main plus forte que vous qui écrit, non pas votre volonté, mais la volonté d'une cabale !

Et les inventeurs du scrutin de liste appellent cela indépendance !...

Et ils appellent cela un choix !

Et ils appellent cela de la lumière !...

Et ils appellent cela de la sincérité !...

Et ils appellent cela de la vérité !

Et ils appellent cela de la conscience dans l'élection!

Donnez-lui son vrai nom : Intrigue.

MES OPINIONS

NOTES TIRÉES DE BROCHURES IMPRIMÉES AVANT 1880

---

8 mai 1848

NOUVELLE ORGANISATION POLITIQUE PAR DELAURIER.

« Le vote par le scrutin de liste n'est pas convenable, surtout quand il y a beaucoup de députés à nommer. (Nous en avons la preuve par ce qui se passe actuellement). Beaucoup de personnes ont voté pour le citoyen Schmidt, le croyant ouvrier, et maintenant ces citoyens réclament, sachant que c'était un employé du ministère.

« Avec le scrutin de liste il y a des représentants qui sont nommés par 259 000 électeurs et d'autres par 2 000, etc., etc. »

19 mai 1848

« C'est surtout parce que le vote par scrutin de liste a été la manière d'opérer pour former la Chambre, qu'il y a eu tant de quiproquos, tant de causes de fraudes. Le gouvernement provisoire avait donc adopté une mesure mauvaise. »

19 juillet 1848

CRITIQUE DE LA CONSTITUTION PROPOSÉE A L'ASSEMBLÉE NA-
TIONALE PAR LA COMMISSION DE LA CONSTITUTION, PAR
DELAURIER.

« Le vote par le scrutin de liste est une invention diabolique imaginée pour que le peuple puisse moins bien choisir ses représentants. On a dit que c'était pour éviter l'influence du clocher. Mais nous préférons de beaucoup que le peuple nomme des représentants qu'il a pu juger, qu'il connaît bien, plutôt que de nommer des hommes que le hasard ou l'intrigue a grandis par le prisme trompeur de l'éloignement et l'absence de contact avec leurs représentés.

« Voilà pourquoi il y a si peu d'hommes nouveaux; voilà pourquoi des noms connus ont en tant d'influence; voilà pourquoi les votes ont été si divisés sur une foule de vrais amis du peuple; voilà enfin pourquoi la calomnie a eu tant de prise contre certains hommes dévoués qui, n'ayant pas pu se mettre en contact avec les électeurs, n'ont pas pu les éclairer, etc. »

1ᵉʳ octobre 1870

LA POLITIQUE NOUVELLE PAR DELAURIER.

« Une conséquence importante découle du mandat révocable : c'est qu'on ne doit jamais nommer nos représentants au scrutin de liste. »

5 mai 1871

LES DROITS DE PARIS ET DE VERSAILLES.

« Une assemblée élue par le stupide et compliqué scrutin de liste, qui est le triomphe des coteries, la négation du libre arbitre chez l'électeur, est une cause d'erreur sur les candidats multipliés par le nombre des députés à élire. Par ce système électoral le vote des villes est noyé par celui des campagnes, etc. »

1874

QUELLE EST LA MEILLEURE FORME DE GOUVERNEMENT?

« ARTICLE 1ᵉʳ. La France sera divisée en 750 collèges électoraux égaux en nombre d'habitants, etc. »

MÉMOIRE

ADRESSÉ A M. GRÉVY

PRÉSIDENT DE LA RÉPUBLIQUE

SUR

L'INFAILLIBILITÉ DU PEUPLE, SUR L'AMNISTIE PLÉNIÈRE ET SUR LE SCRUTIN DE LISTE

PRÉLIMINAIRES

Il a été fait un rapport sur le profit politique que pouvaient avoir les républicains à adopter actuellement le scrutin de liste. J'ai trouvé ce travail bien inutile, car, quel que soit l'avantage que l'on peut obtenir de suivre une voie mauvaise, cela ne vaut rien. Il s'agit d'adopter une base de votation juste, loyable, durable, et non de conserver sa place. Il ne faut jamais sacrifier l'avenir au présent. Si actuellement, par ce système insensé de vote, on écrasait les minorités, ce serait un très grand malheur, car dans la suite, par un revirement probable, la République serait perdue ou, du moins, la France subirait des secousses violentes et nous aurions la guerre civile en permanence.

C'est pour tâcher d'éviter ces malheurs que je combats énergiquement le scrutin de liste et, en même temps, je prouve qu'il était nécessaire et juste de faire l'amnistie plénière; enfin j'espère démontrer le grand principe de l'*infaillibilité du peuple par la permanence de sa souveraineté.*

Si je reviens sur une chose terminée comme l'amnistie, c'est que beaucoup de gens regardent encore comme des criminels tous ceux qui ont pris part à l'insurrection de Paris contre le guet-apens du 18 mars machiné par M. Thiers. Lorsque ce ne serait qu'au point de vue historique, il est juste de rétablir la vérité; et si je prends parti pour les vaincus, c'est pour cela et non parce qu'ils étaient communalistes, car pour moi je suis partisan de la République une et indivisible.

15 septembre 1880.

Monsieur le Président de la République,

Je n'aurais pas cru utile d'avoir l'honneur de m'adresser à vous, si nous n'avions pas été en communauté complète d'idées en 1848 et souvent depuis, et aussi parce que je me suis souvenu qu'en 1867 un jeune avocat fraîchement décoré vous disait devant moi, dans la salle des Pas-Perdus, à la fin d'une conversation : « Vous êtes trop honnête homme, monsieur Grévy ; aussi vous n'arriverez jamais à rien ! » Pouvait-il vous décerner un plus bel éloge, faire une plus mordante critique de l'Empire qu'il servait, et être un plus mauvais prophète ?

En 1848, nous combattions, vous par la parole et moi par la plume, contre le danger si grave d'avoir un président de la République trop puissant. Si on avait adopté le fameux amendement Grévy, nous n'aurions pas eu la présidence de Louis-Napoléon, ni le coup d'État, cette sanglante trahison du deux Décembre 1851, — ni les guerres de l'Empire, ni la funeste invasion prussienne. La France

n'aurait pas été saignée d'hommes et d'argent et
démembrée. Jamais un peuple libre, lors même
qu'il eût été peu éclairé, n'aurait pu faire de telles
sottises.

Chose bizarre! c'est à votre combat contre les
excès du pouvoir d'un président de la République
que vous devez d'être devenu un président puissant,
presque un roi constitutionnel; ce qui est même
une certaine usurpation sur la souveraineté du peuple qui doit être permanente. Votre ministère seul
est responsable et vous avez le privilège souverain
si enviable du droit de faire grâce et même, chose
exorbitante, de dissoudre, en vertu d'une constitution qui nous a été imposée par les ennemis de la
République, une Chambre élue par la nation.

C'est à propos du droit de grâce, qui est une pré-
rogative si grande, si belle, et si redoutable pour la
conscience d'un homme juste, que je me suis demandé comment il se fait que vous vous en soyez
servi pour commuer la peine de plusieurs criminels
vulgaires et féroces, et que vous n'ayez pas proposé
tout de suite, à votre avènement au pouvoir, l'amnistie plénière pour des faits politiques. Je ne com-
prends pas que vous ayez eu des ministres assez in-
humains pour s'opposer à cet acte de clémence et

de justice et que vous ayez gardé une seule journée des gens qui vous nuisaient dans l'esprit public.

Je sais bien que, lorsqu'il s'agit d'ennemis politiques, les hommes sont généralement sans pitié (je ne vous crois pas du nombre), et même beaucoup mettent des crimes imaginaires à la charge de leurs adversaires pour pouvoir impunément les faire fusiller ou les persécuter encore après neuf ans de martyre.

Depuis que Louis-Napoléon et ensuite M. Thiers ont lâché la bride à la férocité humaine par leurs ordres barbares, notre espèce animale est devenue bien cruelle et nous nous en ressentons encore, même en dehors de la politique.

Monsieur le Président de la République, l'amnistie plénière a été une bonne œuvre de votre part, quoique vous l'ayez faite un peu forcément. Je veux vous prouver par des arguments irréfutables et inconnus jusqu'aujourd'hui qu'on aurait été injuste en ne la faisant pas.

Je ne suis pas partisan d'une Commune de Paris indépendante de l'État, mais j'ai pris parti pour elle contre les monarchistes de Versailles, et, en suivant bien mon raisonnement, vous comprendrez pourquoi.

Comme républicain, vous croyez à la souveraineté du peuple, vous devez avoir foi dans l'intelligence de la Nation et de ses représentants directs.
Ne vous êtes-vous jamais demandé, Monsieur le Président de la République, comment il se fait que
votre amendement de 1848, si sage, si prévoyant, a
trouvé 643 voix pour le repousser et seulement
158 membres intelligents et prudents pour l'adopter? Si la majorité des représentants d'une nation
est aussi insensée, manque du plus vulgaire bon
sens et a aussi peu de prévoyance que ces gens-là
en ont eu, ce serait à dégoûter d'être républicain,
et alors autant être l'esclave du premier imbécile
venu plutôt que de plusieurs centaines faisant majorité, opprimant, déportant, faisant fusiller la minorité prévoyante et intelligente. Eh bien, non ! Monsieur le Président, j'ai la conviction la plus profonde,
la plus indestructible, que l'intelligence de tous est
au-dessus du plus grand génie individuel, qui lui-
même n'est qu'une concentration incomplète de l'esprit général. Je crois que l'opinion publique libre
montre aux gouvernements le vrai chemin du bien ;
je crois que tout le monde a plus de sagesse que
M. Grévy et plus d'esprit que M. de Voltaire, et j'ose
dire que je crois fermement à l'*infaillibilité du peuple!*

Comment se fait-il alors, si la souveraineté du peuple est aussi parfaite que je le crois, que cette Assemblée constituante de 1848 ait été d'abord ingrate et maladroite, car elle a été la cause de l'insurrection de juin en voulant envoyer les ouvriers en Sologne, pour s'en débarrasser, eux qui l'avaient faite ce qu'elle était? Comment se fait-il qu'elle a été cruelle contre les vaincus de cette insurrection, qu'elle avait provoquée elle même par son orgueil insensé et, deplus, pourquoi a-t-elle été d'une imprévoyance rare, d'abord en faisant massacrer et déporter son avant-garde, ses meilleurs défenseurs, et ensuite en ouvrant la porte à la royauté ou à l'Empire, en faisant élire le président par le peuple, comme si le peuple, ayant déjà délégué son pouvoir, pouvait le déléguer une seconde fois? C'était créer un conflit inévitable.

La cause de l'incapacité, de la stupidité même de la majorité de cette Chambre, c'est qu'elle avait été élue à l'absurde, au ridicule et compliqué scrutin de liste. Jamais une Chambre élue au scrutin de liste ne peut représenter la nation ; elle ne peut que représenter des coteries. Cette invention très malheureuse pouvait être une tactique qui avait quelque raison d'être avec le suffrage restreint, mais qui n'en avait plus aucune avec le suffrage universel.

Il me suffirait de dire que cette Chambre a été mauvaise, pour dire : Non, mille fois non ! elle ne représentait pas le pays, avec son mode informe d'élection. Le paysan le plus ignorant et le plus borné aurait été bien plus rusé que cette prétendue Assemblée nationale.

Quand nous avons vu l'exemple, en 1848, qu'un nommé Schmidt, soi-disant ouvrier, est passé en tête de la liste des représentants élus dans une ville comme Paris, parce qu'il avait eu l'adresse de se faire porter sur plusieurs listes de candidats, et que c'est seulement à la vérification des pouvoirs qu'on s'aperçut que ce Schimdt était un faux ouvrier, un membre du Conseil d'État, vous conviendrez, Monsieur le Président, que le scrutin de liste est jugé pour ceux qui n'ont pas le préjugé de croire que c'est un principe républicain. C'est encore moins une tradition de la grande République.

Par le scrutin de liste, on ne pourrait avoir qu'une majorité d'intrigants et d'imbéciles, le peuple ne pouvant choisir ses représentants. Si à Paris, où il est plus facile qu'ailleurs de s'instruire en politique, le suffrage universel a fait des erreurs aussi grossières que celle que je viens de rappeler, — et ce n'est pas la seule, — cette manière de voter est donc une des plus mauvaises.

Le scrutin de liste noie le vote des villes autres que Paris, Lyon, Marseille et Bordeaux dans le vote des campagnes. C'est un suffrage à deux degrés, sans aucune garantie de vérité, de loyauté, de sincérité. Le scrutin de liste écrase les minorités; il fait triompher tour à tour des coteries différentes, qui défont ce que les autres ont fait, au lieu de marcher en avant.

On peut se tromper sur un homme que l'on croit bien choisir. Si l'on en a plusieurs à nommer, la chance d'erreur est multipliée d'autant.

Si une chose aussi juste, aussi excellente que le gouvernement de tous, *la République*, a eu tant de mal à s'établir en France, c'est que, sous la première, il y avait eu un manque d'unité d'action dans le pouvoir exécutif (trop de divisions des pouvoirs). De plus, le suffrage universel n'existait pas complètement, et enfin, sous le Directoire, il y a eu deux Chambres, dont une a conspiré la perte de la République. Il faut une seule Chambre et un seul chef de l'exécutif.

Par le suffrage restreint on se fait l'ennemi de

tous ceux qui ne votent pas. De là, la chute si facile de Charles X et de Louis-Philippe par cette *vile
multitude*, comme disait M. Thiers, *ces misérables
qui n'ont rien à perdre*, comme disent encore sot-
tement certains repus. En combattant, ils risquaient
seulement leur vie, leur liberté, la paix de leur famille, pour conquérir leurs droits politiques comme
justice et comme moyen d'améliorer leur sort ; car
on ne peut améliorer le sort de tous que par le
gouvernement de tous, quel que soit le bon vouloir
d'un gouvernement.

Le scrutin de liste, établi en 1848, a perdu la
République. La Législative de 1849, ayant été nom-
mée par le même système insensé de vote, a été
élue par d'autres coteries que la Constituante. Cette
Chambre cléricale n'a fait que des sottises, puis
elle a trahi son mandat en conspirant avec Louis-
Napoléon pour rayer des listes trois millions d'électeurs ; elle a été aveugle, en se laissant bêtement
duper lorsque tout le monde voyait venir le coup
d'État.

Le peuple a soutenu mollement cette Assemblée,
parce que la majorité l'avait trahi et parce que les
plus énergiques défenseurs de la République, à Paris, avaient été tués en juin ou étaient encore dé-

portés. Voilà donc deux Chambres souveraines suc-
cessives, élues au scrutin de liste. Elles n'ont
certainement pas représenté la nation, que j'estime
bien plus intelligente que ces gens-là qui ont perdu
la République en se perdant eux-mêmes. Le par-
·ure et assassin Louis-Napoléon, ayant fait son coup
d'État, a créé deux Chambres et détruit le scrutin
de liste. Pourquoi? Parce que la République française n'avait qu'une Chambre et que le scrutin de
iste avait été imaginé par des républicains. Seule-
ent il ne s'est pas rendu compte que ces républi-
ains étaient peu clairvoyants et l'avaient servi à
ouhait. Aussi, lui ne le fut-il guère en supprimant
e scrutin de liste, car s'il avait conservé ce système
e vote, Monsieur le Président, vous n'auriez certes
as été nommé député en 1868, car, par ce procédé,
n aurait pu facilement noyer le vote des villes
ans celui des campagnes qui donnait toujours une
rande majorité à l'Empire, parce que la fraude et
e mensonge y étaient bien plus faciles que dans les
·illes et le sont même encore. Ce n'est pas parce
uc Louis-Napoléon a établi le scrutin uninominal
qui était, d'ailleurs, le mode logique de vote sous
a première République) que ce système rationnel ne
aut rien. Si votre adversaire a fait quelque chose

de bien, il ne faut pas faire une sottise pour faire autrement. Du reste, si faire autrement est une raison valable, la République ne doit pas avoir de Sénat. Avec tous les moyens de fraude dont l'Empire disposait, il aurait pu, avec le scrutin de liste, ne laisser jamais venir à la Chambre un seul candidat de l'opposition, à l'exception peut-être de ceux de la ville de Paris.

Après la chute de l'Empire, due à sa démoralisation et à l'incapacité de son chef, est venu le gouvernement du Quatre-Septembre qui a été le produit d'une révolution inévitable et légale, mais qui lui-même n'était guère plus légal que l'Empire. Il proclama la République et ne fit pas d'élections, c'est-à-dire qu'il prononça le mot et ne donna pas la chose; il usurpa le pouvoir sans passion, mais manqua de confiance dans la nation. A Paris, on a eu pour chef militaire le jésuite Trochu qui n'avait pas foi dans la possibilité de la défense, et qui obéissait sans doute à sa Société; car il est impossible de comprendre pourquoi, s'il avait eu son libre arbitre, il aurait conservé le pouvoir ne croyant pas la défense de Paris possible. Dans quel but trompait-il la population qui avait confiance en lui? Pourquoi, la veille de la capitulation, avoir eu la fourberie de dire : « Jamais le gouverneur de Paris ne capitulera »? D'après toutes les lois ordinaires de la guerre il aurait mérité d'être fusillé, quoique moins coupable que Bazaine.

En province on n'a pas eu pour chef militaire un général avocat comme Trochu; on a eu le présomptueux Gambetta, un avocat devenu dictateur. Aussi n'a-t-il pas eu assez d'autorité pour se faire obéir pour la défense du territoire national, malgré son énergie. Il aurait été bien plus utile, comme tribun de talent, dans une Assemblé, que comme chef sans force parce qu'il gouvernait sans droit. Tout cela est arrivé parce que ces républicains n'ont pas eu confiance dans le pays qui probablement se serait bien sauvé lui-même, si au lieu d'avoir l'étiquette de la République on avait eu une Assemblée unique élue librement par le peuple au scrutin uninominal, qui seul permet de juger quelque peu les candidats aspirant à être mandataires de leurs électeurs, et ensuite un seul chef de l'exécutif nommé par la Chambre et révocable. Les volontés de la nation auraient été exécutées promptement et sans déchirements ni désobéissances possibles. On aurait eu assez d'autorité pour fusiller les traîtres et les lâches; alors on aurait vaincu l'ennemi. Tous les prétextes, invoqués par des ambitieux ou des maladroits contre la réunion d'une Assemblée en présence des Prussiens sur notre territoire, étaient mauvais. Il était d'autant plus urgent de consulter la nation que la France s'amoindrissait de plus en plus.

Après la défaite du Mans, Paris fut forcé de se rendre par la famine arrivée à la suite de l'incapacité ou de la trahison du gouverneur de Paris. La Prusse a exigé qu'une Assemblée fût élue pour la ratification des conventions discutées avec Jules Fabre et Thiers; les élections ont été bâclées en quelques jours, et encore avec le funeste scrutin de liste. Aussi une tourbe d'intrigants et d'incapables se faufilèrent derrière M. Thiers. Ce malencontreux scrutin de liste nous avait été bien fatal autrefois en faisant une Constituante si imprudente et si cruelle, puis une Législative si arriérée, si idiote dans sa traîtrise, qu'elle a été la cause première du Deux-Décembre et a ouvert la porte au parjure, à l'assassinat, à la guerre civile, etc. Cette fois il a produit la Chambre de 1871 qui avait la légalité apparente pour elle, mais qui n'était qu'une fausse Assemblée nationale, car il n'est pas possib'e de supposer qu'une majorité des représentants de la

France aurait été aussi lâche envers l'ennemi et aussi féroce pour ses compatriotes.

Une Assemblée vraiment nationale n'aurait pas dû pousser M. Thiers à réaliser son rêve, datant de trente et un ans au moins, de bombarder Paris, rêve féroce qu'il aurait déjà exécuté en 1848 si Louis-Philippe avait été aussi cruel que lui. Une Assemblée vraiment nationale lui aurait enlevé le pouvoir et l'aurait mis en jugement dès le 20 mars 1871. M. Thiers, ce grand défenseur de la famille et de la propriété, a donné l'ordre de détruire des milliers de familles et de propriétés, et les plus coupables dans cette guerre civile ne sont certes pas les vaincus.

Si je suis du nombre de ceux qui vous ont demandé l'amnistie pour tous, Monsieur le Président, c'est que je vous ai cru juste, c'est que j'ai pensé que, malgré le milieu un peu trop aristocratique où vous êtes forcément placé, cela ne vous empêchait pas d'être capable de juger le vrai et le faux, le bien et le mal; je ne me suis pas trompé.

Les plus acharnés ennemis de la Commune ont été les royalistes, les bonapartistes, les cléricaux et les orléanistes. Ils se sont dits modérés et ce sont eux qui poursuivent encore de leur haine les tristes débris de nos discordes, la plupart victimes de leur républicanisme.

Toutes mes sympathies ont été pour les défenseurs de Commune, et cependant je n'admets pas celle-ci comme une forme de gouvernement raisonnable pour la France ; la fédération des communes est encore une idée plus mauvaise.

Après l'attaque inqualifiable de Paris le 18 mars, les habitants de cette ville n'ont pas eu le choix d'une forme de gouvernement convenable pour sauver la République. Alors est née la Commune. Il faut se reporter aussi à l'époque ; après un siège douloureux, Paris avait encore la colère au cœur d'avoir été livré malgré son patriostime. C'est alors que M. Thiers a profité de la présence des Prussiens dans la moitié de nos forts pour arracher à la garde nationale les canons qu'elle avait achetés. Malgré plus de neuf années passées depuis cette triste époque, je persiste à soutenir que c'était un crime inqualifiable, une trahison et une imprudence des plus grandes, car c'était créer certainement la guerre civile en présence de l'ennemi.

Le bombardeur de Paris, le sinistre M. Thiers, a toujours passé pour un homme très intelligent.

A-t-il été un maladroit ou un être féroce ? Je penche pour la dernière supposition, d'autant plus que d'envoyer reprendre des canons, sans avoir d'attelages suffisants, était insensé ou malheureusement trop bien calculé pour soulever tous les patriotes de Paris. Ce néfaste et affreux vieillard, cet ennemi du peuple qu'il a traité de vile multitude, a dû avoir des raisons faciles à deviner pour agir ainsi. Mais que des républicains, même les plus modérés, soient encore assez simples pour approuver que l'on ait massacré les éclaireurs et l'avant-garde de leur armée, ce serait de la démence. C'est ce malheur qui nous a désarmés devant la royauté qui nous guettait, qui n'a failli de triompher que faute d'une voix, qui enfin ne demande pas mieux que de renouveler sa tentative, d'autant plus qu'avec l'espèce de République que nous avons on ne punit que les républicains, et on laisse en paix les Broglie et consorts.

Pour les républicains et les patriotes de Paris, c'était une trahison que de leur arracher leurs canons; c'était leur faire voir qu'on voulait profiter de la présence des Prussiens pour faire la monarchie. Dans tous les cas, c'était de la dernière maladresse dans l'état d'irritation où était la capitale, qui avait été dupée par ceux en qui elle avait mis sa confiance, surtout lorsqu'on se trouvait en face de Thiers, ce vieil ennemi des républicains, des chemins de fer, du progrès et du suffrage universel.

Ma conviction est que la plupart des habitants de Paris ont conservé leurs armes pour défendre la République menacée, et qu'ils ont sacrifié leur vie, leur liberté, leur fortune pour cette sainte cause. Alors je m'étonne qu'il soit resté encore des prisonniers de la Commune sous le gouvernement républicain, surtout lorsque l'histoire nous prouve que la conspiration monarchique n'était pas un rêve; et lors même que ça aurait été un rêve, est-ce que l'excès d'amour de la République doit être un crime en république?

Monsieur le Président vous pourriez me dire : « Mais le plus grand des crimes, en république, « est de se révolter contre une assemblée souve- « raine, librement élue par le peuple. » Oui, je suis de cet avis, mais je me fais fort de démontrer que les assemblées élues par le scrutin de liste ne représentent que des coteries. La plupart des faux représentants qui arrivent à être élus de cette façon sont des intrigants sans capacité, sans conviction, qui se mettent à la suite de M. Grévy, de M. Gambetta, de Victor Hugo, etc., comme on suivait M. Thiers, Lamartine, Ledru-Rollin, etc. Cette tourbe d'individus est d'autant plus dangereuse qu'elle se compose d'hommes qui sont le plus souvent inconnus des électeurs et de ceux même qui sont en tête de la liste des candidats.

Maintenant, si l'expérience nous a prouvé que cette horde d'intrigants élus par fraude forme une majorité qui cherche à détruire le suffrage univérsel, comme la Législative de 1849, ou de faire faire la monarchie, comme l'Assemblée soi-disant nationale de 1871, est-ce que le devoir de tout bon républicain clairvoyant n'est pas de combattre ces traîtres, et alors de défendre son droit et surtout celui de ses enfants, puisque l'on parle tant actuellement des droits des pères de famille à propos de la mythologie chrétienne plus inepte que la mythologie païenne?

Il est certain, Monsieur le Président de la République, que si la légalité apparente n'avait été pour l'Assemblée de Versailles, vous et vos amis vous vous seriez rangés avec les républicains de Paris. Continuera-t-on à faire un crime à ces malheureux, qui furent déportés et proscrits pendant neuf ans, de leur excès de clairvoyance, c'est-à-dire d'avoir jugé les choses plutôt au point de vue de leur conscience que d'après les faits matériels?

Cette funeste Assemblée de 1871, qui a été sur le point de faire la monarchie et de continuer à faire verser des torrents de sang, commençait à s'améliorer par les élections individuelles qui se sont faites peu à peu par décès et démissions. Si pourtant cette Assemblée ne représentait que des coteries et n'était composée que d'intrigants et d'incapables, de quel droit a-t-elle soutenu M. Thiers dans son œuvre infâme de réduire Paris par la force après l'avoir provoqué, attaqué?

Si le Dix-huit Mars avait été une révolution préméditée par Paris, il n'y aurait plus eu de gouvernement de Versailles trois jours après, et les révolutionnaires savent bien que les révolutions qui traînent en longueur avortent toujours; l'histoire est là pour le démontrer.

Paris n'a fait que se tenir sur la défensive et il a été victime de sa modération. Les troupes de Versailles ont fusillé cinq cents fois plus de prisonniers que les soldats parisiens n'ont tué d'otages. La Commune de Paris, qui d'ailleurs n'exislait pas le 18 mars, n'avait pas le droit de gouverner la France, c'est vrai, je le reconnais ; elle ne pouvait pas faire la loi au pays, mais la fausse Assemblée nationale avait encore moins le droit d'exciter la guerre civile, de faire fusiller les vaincus et, chose plus lâche et plus cruelle encore, de les faire juger par des conseils de guerre pour faire mettre au bagne ceux qui faisaient obstacle à leur passion féroce et peut-être payée de restauration monarchique.

Je ne puis comprendre que des jurisconsultes aient osé soutenir que les jugements des conseils de guerre doivent être respectés. Est-ce que le plus grand principe de la justice n'a pas été violé? Est-ce que l'on doit être juge et partie dans sa propre cause? Est-ce que ce n'est pas seulement le droit du plus fort? On a eu l'audace d'invoquer le droit commun sous l'état de siège. Quelle sanglante ironie ! Est-ce que l'état de siège n'est pas l'abolition de toutes les lois? Est-ce que le droit commun existe avec des tribunaux d'exception choisis exprès pour condamner des ennemis?

Les conseils de guerre ne pouvaient être justes ; ils jugeaient en dehors de toutes les règles de la justice. D'ailleurs le plus coupable pour eux n'était-il pas leur plus grand ennemi, celui qui, vainqueur, aurait eu le plus d'éloges et la première place?

L'état de siège lui-même n'était pas régulier. Il avait été illégalement décrété par la coquette et superstitieuse Eugénie pour soutenir l'Empire. Ce décret barbare tombait naturellement par la révolution du Quatre-Septembre. Il ne pouvait plus exister en droit, puisqu'il n'avait plus d'objet. M. Thiers l'a ramassé dans la boue et dans le sang pour l'appliquer de nouveau avec plus de succès.

Il existait donc après le 1ᵉʳ mai 1871 deux gouvernements illégaux en France : l'un voulait détruire la sainte République qui nous appartient à tous; l'autre voulait la sauver des griffes de cette majorité frauduleuse qui voulait tout pour elle et rien pour le pays, comme toutes les bandes qui marchent derrière un monarque.

Que de mensonges M. Thiers et ses acolytes ont inventés pour mettre les républicains modérés de leur côté, et pour faire combattre Paris par l'armée, qui venait de sortir des prisons de la Prusse et ne savait rien de ce qui se passait!

Vous avez peut-être été dupe, Monsieur le Président, de cet illustre bavard, de ce brouillon éloquent, de ce faux bonhomme, cruel ainsi que tous ceux qui étaient dans le camp opposé à Paris, soit par hasard, soit volontairement, et vous aviez peut-être confiance dans le droit d'une Assemblée que je vous démontre comme n'ayant pas représenté le pays.

On pourrait dire : Mais M. Thiers ne voulait pas renverser la République et agissait dans la légalité. Le sentiment de la justice, l'intuition du droit, sont bien au-dessus de la légalité de convention ; aussi ces gardes nationaux se servaient-ils de leurs armes pour empêcher la tyrannie de nous opprimer de nouveau. Ils nous ont défendus ; la plupart sont morts pour sauver notre chère République, et aux autres on a marchandé la clémence. Quelle confiance les républicains pouvaient-ils avoir en M. Thiers ? N'avait-il pas été leur ennemi le plus cruel comme tous les renégats ? Ne savait-on pas qu'il était orléaniste invétéré, capable des plus grands crimes pour conserver ou rétablir le trône de ses maîtres que sa maladresse avait aidé à renverser ? En 1848, n'avait-il pas proposé le bombardement de Paris à Louis-Philippe, et n'avait-il pas fait construire les forts dans ce but en 1840 ? N'a-t-il pas réalisé son idée en 1871 ? N'a-t-il pas eu l'outrecuidance de dire plus tard, lorsqu'il a reconnu l'impossibilité de faire la monarchie : « La République sera conservatrice ou elle ne sera pas », c'est-à-dire elle sera ce que je veux, ou elle n'existera pas ? De même il se disait du parti de l'ordre et des honnêtes gens qui n'osaient pas se dire monarchistes et, par cela même, il ralliait tous les ennemis de la République et même les modérément républicains. N'a-t-on pas pu croire que les quarante millions d'indemnité aux d'Orléans, qui n'y avaient aucun droit d'après la loi, étaient une poire de consolation qu'il leur donnait pour n'avoir pu les remettre sur le trône ? S'il n'a pas fait la monarchie, ce n'est pas faute d'en avoir eu la volonté ; mais, après avoir fait massacrer trente-cinq mille habitants de Paris, il a reculé devant une guerre civile en province où il aurait succombé, puisque le mot d'ordre clérical : haine à la Babylone moderne, ne pouvait pas servir et que les d'Orléans n'osaient pas encore montrer leur drapeau.

N'ayant pas pu ni osé faire la monarchie, M. Thiers en a préparé les voies le plus possible en poussant à ce qu'il y eût une constitution se rapprochant beaucoup de celle de 1830, sauf le

suffrage universel, que l'on n'osait pas encore rejeter, mais que l'on espérait bien frauder à l'imi-
tation de l'Empire. Si Paris a fait de belles funé-
railles à M. Thiers, ce n'est certes pas pour lui;
c'était tout simplement une protestation contre
le Seize-Mai. Monsieur le Président de la République, souvenez-vous que sans les nombreux mar-
tyrs républicains depuis 1850, ces hommes
dévoués qui ont tant souffert pour la Justice et
pour la Liberté, vous ne seriez pas ce que vous
êtes.

Je crois vous avoir démontré que la Chambre
de 1871 était illégale, ainsi que le gouvernement
de M. Thiers nommé par cette Assemblée, et qu'a-
lors ce gouvernement n'avait aucun autre droit que
celui de la force; cette Assemblée ne pouvait
donc pas faire la monarchie, puisqu'elle ne représentait pas le pays. Je dis plus. Une assemblée élue
par la Nation ne ferait pas la monarchie; elle ne
serait pas assez traîtresse et insensée pour cela!
Le voudrait-elle même, ce qui est impossible, elle
ne le pourrait pas *en droit*; car, tant qu'il existerait
un seul opposant dans le pays entier, elle n'aurait
pas le droit de le priver de sa liberté, et même
n'existerait-il pas un seul opposant, si on faisait

la monarchie, on ne pourrait, *en principe*, imposer cet esclavage aux générations futures.

La royauté ne peut s'établir que par une minorité formant une bande de parasites, bien unis ensemble, et qui divisent le reste de la Nation; brigands hardis mâtinés de Machiavel, qui savent que pour régner il faut diviser — diviser pour la ruine et l'oppression et non pour le salut, comme le fit le plus jeune des Horaces quand il sauva la suprématie de Rome, comme aurait dû le faire Trochu et ses sous-ordres pour démolir pièce à pièce, en quinze jours, l'armée prussienne et lui donner pour tombeau les fossés de Paris.

En 1871, deux partis ont été en présence. L'un a attaqué l'autre pour l'opprimer; ce dernier s'est défendu et a été vaincu autant par le droit apparent de l'autre que par son organisation militaire incomplète et défectueuse et, surtout, parce que la Commune ne représentait que les aspirations du pays n'ayant pas de mandat de lui.

Si le scrutin de liste n'avait pas existé, il n'y aurait pas eu de chambre monarchique; on aurait au moins évité la guerre civile, si la Chambre avait été élue trop tard pour repousser l'ennemi. Permettez-moi, Monsieur le Président de la République, de vous faire part de quelques idées sur le droit républicain et la souveraineté du peuple.

Je pense que le mandat impératif pour les députés ou représentants n'est guère possible ; non pas qu'il ne soit pas convenable d'obéir à ses électeurs, car le plus beau titre que l'on puisse ambitionner est celui de serviteur du peuple et d'être trouvé digne de la confiance des électeurs. Mais je pense qu'il èst bien plus simple de rendre le mandat révocable. De même que le représentant a le droit de donner sa démission, les électeurs de la circonscription qui l'ont élu doivent toujours avoir le droit de le révoquer avant l'expiration de son mandat. Pour qu'il y ait justice, il faut liberté égale et réciprocité.

Avec le scrutin de liste cette révocation deviendrait une affaire d'État, car il faudrait, par exemple, pour le département de la Seine déranger environ trente à quarante fois plus d'électeurs qu'il ne serait nécessaire pour un seul représentant qui donnerait sa démission, ou que l'on révoquerait, ou qui viendrait à mourir. Ce serait alors la montagne accouchant d'une souris, et cela fatiguerait les électeurs de faire constamment des élections.

Lorsque l'on choisit un représentant sur plusieurs candidats, on craint de se tromper et, malgré cela, on se trompe en moyenne une fois sur quatre. Eh bien! les chances d'erreur sont multipliées par le nombre des députés à élire. Ainsi supposons qu'il y ait 36 députés à élire dans le département de la Seine, il y aura neuf chances de mal choisir contre une de bien choisir. Les départements qui éliraient seulement quatre députés auraient autant de chance de mal choisir que de bien choisir; ce serait donc en général le hasard mauvais qui dépasserait le bon. Donc il ne serait jamais possible d'avoir de bonnes assemblées avec le scrutin de liste. On aurait des députés ne voulant pas être les serviteurs honorables de leurs électeurs, mais qui seraient des esclaves, des fleure-f... de quelques individus que leur intelligence ou le hasard auraient placés en haut de l'échelle.

Le scrutin de liste, que l'on a accepté sans réflexion, ressemble à un marais où grouillent les incapacités. Je ne puis comprendre que M. Émile de Girardin ait proposé l'unité de collège; ce serait alors vouloir faire la preuve par l'absurde de la stupidité du scrutin de liste. Il a demandé que les cinq ou six cents députés à élire soient nommés en bloc par les neuf ou dix millions d'électeurs. Il y aurait peut-être alors cent mille candidats. Ce. serait à rendre fous la plupart des électeurs et indubitablement chaque scrutateur.

Je hais profondément le scrutin de liste. C'est lui la cause de tous nos maux; c'est lui qui a permis à Napoléon III, à Bazaine, à Thiers et d'autres de devenir des criminels cent fois pires que Troppmann. Sans cette innovation malheureuse, ces gens-là auraient pu être de grands et bons citoyens, car ils avaient de précieuses qualités. Le scrutin de liste c'est la bouteille à l'encre, c'est le triomphe de l'intrigue, de la mauvaise foi, de la flagornerie, de la bassesse. Alors c'est une tourbe d'incapables, de parasites, de lâches qui dominent dans une assemblée. Contre le scrutin uninominal on a parlé de l'influence de clocher, de capacités de province; on a dit aussi que les députés sont les domestiques de leurs électeurs. Ces gens-là se croient avant 1848 ou se moquent de nous.

La seule raison d'apparence valable que l'on ait donnée, c'est qu'il ne faut pas épuiser son droit sur un seul homme; comme si en en nommant trente ou quarante vous étiez plus avancé, puisqu'il faut trente ou quarante fois plus d'électeurs !

Il n'y a plus actuellement d'influence de clocher, ni de séduction individuelle possible, puisqu'il y a en moyenne dix-huit mille électeurs pour nommer un représentant du peuple. La plupart des hommes célèbres sont d'abord des capacités de province avant de briller à Paris. Ceci ne signifie donc rien : *capacité de province.*

Quant à obéir à ses électeurs, c'est le devoir de chaque représentant. Il ne peut se faire leur domestique, cela lui serait même impossible par la raison qu'il n'est plus le commis de cent cinquante ou deux cents électeurs, comme cela arrivait du temps de Louis-Philippe et de Charles X avec le suffrage restreint. C'est donc une mauvaise et indigne plaisanterie de dire qu'il serait le factotum de dix-huit mille électeurs. L'expérience du scrutin de liste est faite depuis trente-deux ans et a beaucoup trop duré pour notre malheur. Si nous avons une constitution binaire trop bizarre et même ridicule et, de plus, dangereuse pour la paix publique, cela nous vient encore de cette affreuse Chambre née dans un jour de malheur en 1871, élue par ordre des Prussiens au scrutin de liste. Si le Sénat est bien peu républicain, c'est qu'il a encore beaucoup de ce virus funeste qui fausse son élection et le rend illégal.

Si la Chambre actuelle est peu parfaite, c'est qu'elle possède encore beaucoup trop de membres que le scrutin de liste a seul pu faire nommer dans les anciennes Chambres ; ce qui les a posés pour celle-ci.

Vouloir faire établir le scrutin de liste par la Chambre actuelle élue par le scrutin d'arrondissement, c'est l'insulter d'ailleurs, et très gratuitement, car si le mode d'élection actuel est imparfait, il vaut cent fois mieux que celui au scrutin de liste.

Pourquoi ne pas se servir d'un mode d'élection simple et naturel, c'est-à-dire avoir autant de circonscriptions qu'il y a de représentants à nommer, mais que chaque circonscription ait, autant que possible, le même nombre d'électeurs ? Chaque représentant devrait être élu pour trois ou quatre ans, mais il serait toujours démissible et révocable. Il n'y aurait qu'une Chambre unique ; le Chef du Pouvoir exécutif serait le Président du conseil des ministres ; il serait nommé par la Chambre pour un temps indéterminé et serait toujours démissible et révocable. Il serait utile que chaque représentant ait une garde personnelle pour maintenir par la force, au besoin, les droits de ses électeurs; car nous avons vu trop souvent que le droit sans la force n'est rien, tandis que le droit réuni à la force est invincible. L'Assemblée nationale devrait être permanente, car il ne faut pas d'interrègne dans la souveraineté du peuple, quitte à avoir des représentants supplémentaires.

Monsieur Grévy, vous êtes trop républicain, trop honnête homme, pour que ce que je propose soit contre vous; mais vos successeurs, nous ne les connaissons pas.

J'espère que si vous daignez lire ce mémoire, vous repousserez toute demande de rétablissement du stupide et monstrueux scrutin de liste.

Veuillez agréer,
Monsieur le Président de la République,
l'assurance de mon respect et de ma considération.

Votre tout dévoué citoyen,

Delaurier

LES GRAVES DANGERS

SUR

LE SCRUTIN DE LISTE

POUR

LA SOUVERAINETÉ DU PEUPLE

Discours du citoyen Delaurier à la réunion d'un groupe d'électeurs du XIVe arrondissement, le 9 décembre 1880.

M. Bardoux, ancien ministre du maréchal de Mac-Mahon, devenu député par le hasard du scrutin de liste, vient, dans son rapport, nous affirmer sans preuves que le scrutin de liste est préférable au scrutin uninominal. Il prétend que ce scrutin est un principe; qu'il est plus moral, plus digne que l'autre; qu'il représente mieux les minorités; que les députés élus par lui sont vraiment les députés de la France, et, enfin, que la candidature officielle y a moins d'influence, bien qu'il ajoute immédiatement, sans souci de contradictions flagrantes, que le gouvernement de la République doit instruire, éclairer et diriger l'opinion publique.

Les admirateurs des idées de M. Bardoux accusent les partisans du scrutin uninominal d'être des députés qui craignent de perdre leur mandat et disent que cette crainte est la seule raison qui leur fasse préférer ce mode d'élection. Il est beaucoup plus vraisemblable d'admettre que M. Bardoux craint, lui, de ne pas être réélu dans sa cironscription, de n'être plus député ni ministre et qu'il cherche à faire adopter par les autres députés compromis ce moyen de sauvetage politique, quitte à prendre cette devise : « Périsse la République plutôt que nous ne soyons plus de la classe dirigeante ! »

Moi, vieux républicain de 1848, n'étant rien et ne voulant rien être, ayant une confiance absolue dans la souveraineté du peuple, croyant qu'avec le suffrage universel et loyal la nation sera infaillible, je me suis demandé comment il a pu arriver que la France, étant rentrée dans la plénitude de ses droits le jour où Louis-Philippe perdit son trône, nous ayons été témoins de tant de crimes et victimes de tant de malheurs; je me suis demandé comment l'opinion publique n'a pu détruire le mal, comment cette devise si simple, si belle, si grande et qui m'a toujours été si chère, « perfectionner la République pour le bonheur de tous », n'a pas pu triompher d'obstacles misérables.

Je crois pouvoir affirmer, sur la foi de l'histoire contemporaine, que la cause de toutes nos fluctuations, de toutes nos catastrophes depuis près de trente-deux ans, c'est le scrutin de liste. J'affirme également que le scrutin de liste n'est pas un principe, qu'il n'est pas même une tradition.

Le scrutin de liste peut avoir son utilité dans une assemblée formée de quelques centaines de membres que leurs collègues connaissent à peu près. Il aurait pu être un expédient avec le suffrage restreint, mais il est tout l'opposé d'un principe républicain, surtout lorsqu'il s'applique au suffrage universel et s'exerce dans chaque circonscription sur plusieurs milliers d'électeurs. Alors le vote devient à deux degrés et sans aucune garantie de loyauté et de sincérité; il n'y a aucun lien entre les électeurs et l'élu.

Le scrutin de liste est immoral, car il suscite

une foule de compromis honteux entre gens qui pensent en tous points d'une façon différente et qui n'ont de commun que leur ambition d'avoir un siège au Parlement. Quand on arrive à être sans scrupules pour de telles alliances, on ne recule ni devant des promesses de places, ni devant l'argent donné aux compères.

Le scrutin de liste détruit toute dignité chez le candidat. Au lieu de se croire honoré d'être le représentant de ses mandataires, il va faire antichambre chez les grands électeurs et leurs hommes d'affaires. Plein de mépris pour le votant qui n'est plus qu'un instrument, il s'incline humblement devant l'homme qui dirige la machine. On vient nous dire que le scrutin de liste fait de l'élu non plus le député d'une circonscription, mais celui de la France. Grandes phrases que tout cela, et aussi mensongères que ronflantes, car il n'est en réalité que le représentant d'une coterie dirigeante, occulte, recrutée parmi des intrigants sans mandat, complètement inconnus en dehors de la sphère étroite où ils se sont développés et qui, avec l'appétit effronté du parasite, s'imposent insolemment au peuple.

Le scrutin de liste écrase les minorités et produit des revirements d'opinion violents et dangereux

pour notre pays. Il pourrait nous doter de départements complètement hostiles à la République. De
là à la guerre civile il n'y a qu'un pas, à cause de
la solidarité des députés élus par la même liste.

La candidature officielle est aussi bien plus facile
avec le scrutin de liste, et c'est là une qualité sur
laquelle compte tant M. Bardoux qu'il n'ose pas la
dissimuler.

L'Assemblée de 1871, malgré son ensemble monarchique et idiot, et en dépit d'elle-même, mais
assainie, membre à membre, par le décès et les
démissions, nous donna la République à une voix
de majorité. Elle a fait également, et sans plus de
bon vouloir, une excellente chose en rétablissant
le vote uninominal. Elle comptait diviser les républicains et fort heureusement, cette fois comme
d'autres, elle se trompa lourdement, car les députés, ayant été rapprochés de leurs électeurs, le
groupe des 363, fermement appuyé sur le pays,
put tenir tête à la réaction. Ainsi l'expérience est
là qui nous prouve que l'Assemblée de 1871, s'ingé-
niant à détruire la République, la consolida en
rétablissant le vote par circonscription. Serez-vous
assez aveugles pour sacrifier les bénéfices de leur
erreur à M. Bardoux, député républicain si douteux

que l'Orléanisme lui tend les bras, si depuis long-temps déjà il ne lui serre la main? Ce ne peut être que par regret de s'être trompé, et pour rétablir ses affaires, que la réaction penche pour le scrutin de liste. Il me semble évident que les députés et les conseillers municipanx qui veulent actuellement de ce scrutin sont pour la plupart des gens qui craignent le jugement de leurs électeurs et qui tremblent de ne pas être réélus.

Pour qui est absolument indépendant, pour celui qui ne marche à la suite ni d'un prétendant comme le général d'Aumale, ni d'un orateur comme le citoyen Gambetta, ni d'un honnête homme comme le président Grévy, ni même d'un poète et d'un illustre patriote comme Victor Hugo, le scrutin de liste à titre de nécessité ou d'opportunité politique ne peut être que le besoin d'un maître qui dirige et même qui commande. Ce besoin pour moi — et aussi pour vous, citoyens, j'en suis sûr — ne se fait pas sentir d'une façon urgente, il s'en faut! Je crois donc pouvoir dire, de cœur et d'esprit libres, que le scrutin de liste est et sera d'autant plus absurde, plus stupide, qu'on voudra l'appliquer à une plus grande masse d'électeurs. Quelles sont les bonnes assemblées élues depuis que le scrutin de liste existe? Est-ce la Constituante de 1848? Elle fut ingrate, orgueilleuse, imprudente. Plus que cela, folle, car non contente de laisser massacrer son avant-garde en Juin, elle fit une constitution ayant l'Empire en germe. Est-ce la Législative? Elle approuva l'expédition de Rome, raya par un vote infâme 3 à 4 millions d'électeurs, et se laissa stupidement duper par un Louis-Napoléon, par un faux aigle, car il n'était même pas le neveu de son oncle.

Il n'y a pas à parler des Chambres de l'Empire, tant il est connu qu'alors le suffrage universel était un escamotage. Venons-en donc à la Chambre, ou plutôt à la majorité de la Chambre de 1871. A-t-elle justifié l'amour que les républicains peu clairvoyants pourraient porter au scrutin de liste? N'a-t-elle pas fait ce qu'elle a pu pour détruire Paris et la République? N'a-t-elle pas été aussi inexorable, aussi cruelle, si vous voulez, envers des vaincus, — des enfants du pays, — qu'elle a été soumise, tremblante, envers la Prusse? Ne nous a-t-elle pas dotés de cette chose impossible et de trop longue durée qu'il faut appeler le *Mac-Mahonat*, de sa suite bizarre et trois fois heureusement ridicule qu'en terme parlementaire il faut désigner sous le nom du *Seize Mai*, bien que le joli mois des fleurs et du renouveau du printemps n'ait rien à voir avec les ardeurs séniles et les coups de soleil qui ont fait reverdir les sauveteurs épuisés de l'ordre social ?

Et aujourd'hui, toujours dans le même but sacro-saint, on vient nous proposer de faire appel à trente fois plus de citoyens, de dépenser trente fois plus de temps et plus d'argent pour obtenir ceci : que la voix, la volonté d'un électeur, n'ait plus que le trentième de sa valeur ! C'est là le plus honnête résultat du scrutin de liste.

M. Bardoux, grand politique et profond lettré, invoque des autorités, des prophètes : Odilon Barrot, Léon Faucher, Émile de Girardin, aux opinions si changeantes, et jusqu'à l'exemple de l'Espagne royaliste qui doit être très proche parente de l'Espagne catholique. Que nous importe tout cela où ne peut se trouver ni l'opinion d'un républicain, ni le modèle de ce qui doit être fait dans une république !

Le ministère prend aujourd'hui fait et cause pour l'abolition du scrutin uninominal. Il vient, et cela frauduleusement, — car nous sommes à la veille de l'expiration du mandat électoral, — modifier le système de votation. Il le fait même hypocritement, et je crois que le terme est juste, car sa manœuvre porte directement sur le conseil municipal de Paris, afin d'engager la Chambre par un précédent moins dur que celui qui pourrait froisser certains de ses membres et les rendre peu dociles. Si la morale du pays, si la dignité du citoyen et la liberté de l'électeur sont intéressées dans de semblables agissements, autant valait ne pas chasser les jésuites, ils auraient fait autant et même mieux.

Nous sommes en présence d'une décision brutale, absolument injustifiée, qui s'attaque au conseil municipal de Paris.

Rien ne l'avait fait prévoir; rien ne la motive. On veut saisir l'électeur par un fait accompli avant qu'il ait eu le temps de se reconnaître. On veut par ce moyen, fort enfantin vis-à-vis d'une démocratie qui a ses dents de sagesse, user de haute pression sur les députés qui regagnent leurs pénates et dont certains ont surtout hâte de regagner leur popularité ébréchée soit par beaucoup d'inertie, soit par beaucoup de mauvais vouloir.

Or, si vous voulez bien considérer, citoyens, que l'action mauvaise porte d'abord sur le conseil de la plus importante ville de France, de celle qui a souffert autant et plus que n'importe quelle autre, qui

a contribué de toutes façons à l'affranchissement
du pays et qui cependant est soumise à un régime
d'exception injustifié; si à cela vous ajoutez que la
population de cette ville, par ses votes précis et répé-
tés, a protesté, proteste et protestera contre ce régime, et réclame son droit imprescriptible à une
gérance plus directe de ses intérêts; si enfin vous re-
marquez que cette manœuvre n'a pas seulement pour
but de maintenir et d'aggraver l'état illégal et préjudiciable causé à Paris, mais de servir, par des
voies tortueuses, à diminuer les droits politiques
du pays tout entier, ne pouvant comprendre à
quelle idée honnête ou justifiable obéit un ministère
éphémère qui veut modifier les bases des élections
politiques et municipales, vous vous demanderez
sans doute avec moi si nous sommes en face de la
folie que cause l'infatuation du pouvoir, ou s'il
faut y voir un crime de haute trahison contre la
souveraineté du peuple.

Si le ministère avait pour idéal — la chose est
tellement étrange qu'il vaut mieux tout admettre
d'absurde que de croire au mal — de nous ramener
à la Constitution de 1848, pourquoi souffre-t-il un
Sénat qui ne sert qu'à nous coûter beaucoup d'argent les jours où il est d'accord avec la Chambre

des députés, et à nous coûter outre cet argent beaucoup de temps infécond quand il s'amuse à une opposition aujourd'hui taquine et *mesquine* depuis que les grandes visées du *Seize Mai* ne flambent plus qu'à Frohsdorf?

Si le ministère rêve et brûle d'une action opportune, comment se fait-il que la loi sur la Magistrature, la loi Laisant, la loi de séparation de l'Église et de l'État, c'est-à-dire la dignité du citoyen qui exige une application égale de la règle, l'instruction qui est l'avenir de la France, la liberté de la conscience qui est un impérieux besoin, et que tant d'autres questions, non pas opportunes seulement, mais urgentes, le touchent si peu que toute son activité s'emploie à la ruine du scrutin uninominal?

Quel motif peut justifier d'une part une inertie aussi complète, d'autre part une activité aussi maladroite? L'ambition de tous, l'impatience d'un autre de s'étaler sur le fauteuil présidentiel? Non, diront-ils, nous voulons perfectionner simplement, oh! tout simplement les conseils municipaux. Eh bien, soit! seulement prenez-en les moyens, c'est-à-dire puisez à la source des idées, demandez au corps électoral, le juge, ce qu'il y a à faire. Voici ce

qu'il vous a répondu bien des fois : Réduisez la
durée du mandat, faites que le mandataire par
une équitable indemnité puisse être riche ou
pauvre, pourvu qu'il soit digne, capable et dévoué;
faites également que le mandat soit révocable, afin
que le maître de droit, l'électeur, le soit aussi de
fait; enfin tâchez de régler les circonsriptions électorales, autant que possible, pour que la valeur effective d'un bulletin représente partout la même
somme d'influence et de participation à la gestion
de l'État ou de la commune.

Voilà des vœux bien nets, disons même des volontés bien précises. Comme pour moi il n'est pas douteux que si elles n'ont pas été entendues et que si
les résolutions les plus opposées sont en délibération
dans les régions du pouvoir, il s'agit d'une surdité
volontaire, je crois qu'une protestation formelle
est urgente, et j'ai l'honneur, citoyens, de vous
proposer la décision suivante :

DÉCISION

Le conseil municipal de la ville de Paris est invité
à se présenter en corps chez le Président de la République pour y protester contre la mesure absolu-

ment injustifiable prise ou soutenue par le ministère, laquelle a pour but de rétablir le scrutin de
liste condamné par l'expérience et par la raison.

Il est prié d'exposer au chef du pouvoir exécutif
que ce changement, sans motif avoué parce qu'il
n'y en a pas d'avouable, est en flagrante opposition
avec l'opinion de la majorité républicaine, dangereux
ou au moins fort nuisible au bien du pays ; que ce
changement, même ratifié par les pouvoirs législatifs compétents, constituerait de leur part un acte
de bon plaisir, un excès d'autorité, une manœuvre
d'intérêt personnel, attendu que les pouvoirs élec-
tifs ont pris fin moralement et qu'il n'est ni juste
ni digne que les Chambres actuelles, renouvelant
des abus anciens et trop fréquents dans l'histoire
parlementaire, abusent d'un mandat qui expire
pour influer sur les déterminations de leurs électeurs, de leurs maîtres, de leurs juges bientôt,
— pour peser en quoi que ce soit, en dehors des
services, du mérite et des garanties personnels,
sur les choix futurs du pays électoral et l'expression de sa libre, pleine et surtout lucide volonté.

DELAURIER.

PÉTITION

ADRESSÉE A MM. LES DÉPUTÉS

AU SUJET DE LA BASE DU DROIT ÉLECTORAL

POUR METTRE D'ACCORD

LES PARTISANS DU SCRUTIN DE LISTE ET CEUX DU SCRUTIN

UNINOMINAL

Paris, 22 janvier 1881.

J'ai eu l'honneur d'envoyer à MM. les Députés deux brochures dans lesquelles je combats énergiquement le scrutin de liste. J'ai été obligé de les envoyer par la poste, la questure de la Chambre n'acceptant pour nos représentants que des prospectus commerciaux ou industriels.

Je ne sais quelle puissance est au-dessus des élus de la Nation ! Est-ce qu'il leur faut, comme aux enfants élevés par les jésuites, des don Quichotte, des Gulliver ou des Robinson expurgés par M. l'abbé *** ? Ne sont-ils pas assez grands pour savoir juger?

J'ai démontré par l'histoire et le raisonnement que le *scrutin de liste* avait toujours été fatal au pays depuis 1848, et mes preuves sont convaincantes. Il est, en effet, de la dernière évidence que tous nos malheurs, depuis cette époque, viennent de cet absurde et compliqué scrutin de liste, que l'on donne encore comme un principe et qui n'est qu'une stupide rengaine écrasant les minorités et déchaînant l'affreuse guerre civile.

Supposez des hommes audacieux comme Danton et Marat à la tête de la Commune de 1871, au lieu des honnêtes Beslay et Delescluze, quand la Chambre, élue au scrutin de liste, la fit naître de complicité avec M. Thiers : ils se seraient emparés de la Banque; ils auraient éternisé la guerre civile, de telle sorte que, à la suite de crimes encore plus effroyables que ceux dont nous avons été les douloureux témoins, les Prussiens se seraient partagé la France.

Le scrutin de liste fausse toutes les élections, parce que ce vote se fait absolument au hasard et sous l'influence de coteries. C'est un vote à deux ou trois degrés, — ce n'est pas un *principe*.

Le véritable principe démocratique est que chaque citoyen a le droit de disposer seulement d'une voix pour élire un député ou un représentant pour une chose spéciale; mais il n'a pas le droit d'avoir plusieurs voix pour nommer des représentants. D'abord parce que chaque électeur déjà a assez de difficulté pour en choisir un, sans lui donner le mal d'en nommer plusieurs. En second lieu, s'il est forcé de rédiger une liste, beaucoup de ceux auxquels il accorde son suffrage ne le représentent pas, parce qu'il ne les connaît pas. Enfin les hommes les plus intelligents perdent une partie de leur droit par les éliminations qu'ils s'imposent, par le vote restreint auquel ils se condamnent volontairement, afin que leur vote reste éclairé et sûr; les moutons de Panurge voteront seuls avec une liste complète.

Il y a aussi une grande inégalité, apparente au moins, entre les députés élus à Paris et ceux élus par certains départements. Avec le scrutin de liste, pour être élu dans le département de la Seine, il faut trois cent mille voix; ailleurs, vingt à trente mille suffisent. Avec le vote nominal il n'en est pas ainsi.

Un électeur qui donne sa voix à plusieurs députés

n'a pas ce droit, — et c'est même une absurdité, car il nomme souvent des gens antagonistes les uns des autres. De plus, ayant le droit de nommer quarante et un députés, comme à Paris, sa voix n'a que le quarante et unième de sa puissance pour chaque candidat. Alors le suffrage universel devient une chose dérisoire; aussi peut-on dire que le scrutin de liste est l'invention la plus malencontreuse que l'on ait pu faire.

Cependant ses partisans ont objecté avec quelque raison : 1° que le scrutin uninominal visait un peu trop les intérêts de clocher; 2° que ce scrutin uninominal, ayant l'arrondissement comme circonscription, portait sur des masses très inégales : ainsi, à Paris, certaines circonscriptions, pour le Conseil municipal, ont six fois plus d'habitants que d'autres ; 3° que les élus étaient un peu trop dépendants de leurs électeurs ; 4° que les compétitions entre républicains les divisaient entre eux.

Je pourrais répondre à la *première objection* que, si les députés élus au scrutin de liste s'occupent peu des intérêts de localité, c'est qu'ils les ignorent complètement et qu'ils ne connaissent réellement que les intérêts de la coterie ou des coteries qui les ont élus. Ils ne représentent donc pas les électeurs, mais seulement un parti.

Deuxième objection. — Il est vrai que le scrutin uninominal par arrondissement porte sur des masses fort inégales; mais rien n'est plus facile que de rectifier toutes les circonscriptions électorales en adoptant le système que je propose plus loin.

Troisième objection. — On dit qu'avec le système uninominal les députés sont les esclaves des électeurs. Cela est excessivement exagéré. Mais, d'abord, sans qu'il y ait platitude, il est évident que si l'on nomme un député, c'est pour qu'il prenne l'intérêt de la circonscription. L'intérêt général, dont parlent avec tant d'emphase les partisans du scrutin de liste, qui ne connaissent pas plus celui-là que l'intérêt local, n'est en réalité que l'intérêt d'une personne, d'un parti, ou d'une coalition d'ambitieux et de manieurs d'affaires. L'intérêt des circonscriptions réunies est bien plus l'intérêt général que celui de chaque député élu par le hasard du scrutin de liste. Il est juste que les élus soient les serviteurs de leurs électeurs, mais, justement avec le scrutin de liste, ils sont les esclaves des comités qui les ont fait élire. Cette dignité vis-à-vis des électeurs, dont on parle tant, ils en font litière devant les grands maîtres en élection.

Quatrième objection. — Avec le scrutin uninominal, dit-on, des gens faits pour s'entendre deviennent ennemis, par les compétitions qui naissent surtout à propos des élections et de leurs discussions entraînantes. Cela est un malheur; mais il est bien moins grand qu'avec le scrutin de liste, qui généralise et étend les divisions et qui transforme une lutte d'homme à homme en une guerre de partis, une guerre civile.

Enfin, pour ne pas laisser l'ombre d'une objection contre le scrutin uninominal, je crois avoir trouvé le moyen de concilier les partisans des deux systèmes pour les élections de toute nature, et, sans ce motif, je ne me permettrais pas d'entretenir de mes réflexions l'honorable Assemblée.

Étant admis que, dans le département de la Seine, par exemple, chaque électeur a le droit, par le scrutin de liste, de voter pour quarante et un députés; que, d'autre part, pour le scrutin uninominal, et l'application du grand principe que chaque électeur n'a le droit de nommer qu'un seul représentant pour un même objet, il est très difficile de diviser ce département en quarante et une circonscriptions égales ; qu'ainsi chacun des deux systèmes a son inconvénient, je propose ceci : Les électeurs du département de la Seine, toujours pris comme exemple, voteront chacun pour un candidat de ce département, qu'il soit une célébrité de quartier ou une illustration nationale. Les quarante et un candidats qui auront le plus de voix seront les élus. Ceux qui viendront à la suite remplaceront les démissionnaires, les décédés, les révoqués, et peut-être ceux en vacance, pour qu'il n'y ait pas d'interrègne dans la souveraineté du peuple, le peuple ne pouvant être infaillible que par la permanence de sa souveraineté.

Je ne prévois pas d'objection que l'on puisse faire à ce système, que l'on pourrait appliquer à toutes les élections en France. Je ne localise pas l'élection ; je ne fais pas de circonscriptions inégales ; je ne force pas des amis ou des partis amis à se combattre ; les députés sont toujours les représentants des électeurs, mais ils ne sont plus tenus d'obéir à leurs caprices ; ils peuvent connaître les intérêts généraux et particuliers, puisque les électeurs choisissent ceux qu'ils veulent et les prennent où ils veulent.

Je ne donne pas le droit (illusoire du reste) aux

habitants de la Seine d'avoir quarante et une voix, tandis que ceux de certains départements n'en ont que trois ou quatre. Rien que cette inégalité apparente fait voir le vice du système de liste.

Je demande, Messieurs les Députés, l'abolition du scrutin de liste pour toutes les élections possibles, à moins que le même électeur ait à nommer plusieurs candidats pour des fonctions tout à fait différentes, et que les opérations électorales se faisant, pour plus de simplicité, en une seule fois, le votant ait à indiquer sur un même bulletin chacun des candidats qu'il adopte pour les différentes fonctions auxquelles il faut pourvoir.

M. Bardoux, aussi républicain qu'il est libre penseur, demande le rétablissement du scrutin de liste dans le but de pêcher en eau trouble. Moi je demande la clarté et la proscription de ce scrutin stupide, qui a été la cause de toutes nos catastrophes.

En conséquence j'ai l'honneur de vous demander, Messieurs les Députés, d'adopter la loi dont le texte suit et qui me paraît indispensable.

PROJET DE LOI

Le nombre des députés à élire ayant été fixé pour chaque département d'après sa population, chaque électeur de ce département aura le droit de donner sa voix — seule et unique — au candidat qu'il lui plaira d'élire. Les premiers en tête des relevés des votes seront élus jusqu'à concurrence du nombre des députés que le département a à nommer. Ceux qui viendront ensuite seront des suppléants en cas de vacance par décès, démission, révocation ou abstention.

Le même système sera appliqué pour les conseils généraux et municipaux.

Ce mode de vote sera adopté comme le véritable principe du droit électoral dans toute la République française.

Un mode analogue au scrutin de liste ne pourra être employé que lorsque, par la réunion de plusieurs élections de natures différentes, l'électeur aura à désigner sur un même bulletin plusieurs

candidats pour des fonctions diverses et parfaitement définies.

E. Delaurier.

Un de nos amis a fait au système que je propose
une objection assez importante, savoir que, dans
les départements qui ont un grand nombre de députés à élire, certains élus réuniraient un très
grand nombre de voix et que d'autres n'en auraient
qu'un petit nombre.

Je ferai remarquer d'abord que cet inconvénient
existe avec le scrutin de liste, lorsqu'un candidat
se porte dans plusieurs circonscriptions, comme
l'ont fait Thiers, Lamartine, Ledru-Rollin, etc. En
second lieu, il est facile de l'éviter en fractionnant
en grandes circonscriptions les départements qui
ont beaucoup de députés à élire.

On ferait de même pour les conseils généraux et
municipaux ; ainsi Paris serait divisé en arrondissements, chaque électeur n'émettant toujours qu'un
suffrage.

Cette modification faite, il me semble que mon
système serait à l'abri de toute critique et fonction-
nerait parfaitement.

CRITIQUE SUR L'ORGANISATION

DU SALON DE PEINTURE

EN 1881

Cette année a dépassé toutes les autres pour le nombre des tableaux soumis à l'examen du jury de peinture, et jamais il n'y en a eu autant de refusés. Donc j'ai cru en allant voir cette exposition que je ne trouverais que des chefs-d'œuvre.

Certes il y a beaucoup de tableaux fort remarquables, mais je n'ai jamais vu autant de mauvaises choses ; jamais je n'ai vu autant de dessins à peine dignes de prix dans les écoles primaires. C'est pourtant pour les dessins que l'on devrait être bien plus difficile depuis que la photographie, la chambre noire, la chambre claire, etc., peuvent mécaniquement faire faire des dessins passables aux plus maladroits. En revanche j'ai vu, chez des artistes, de fort bons tableaux que l'on a refusés sans rime ni raison.

Pour faire un tableau médiocre il faut cent fois plus de talent que pour faire un dessin : alors pourquoi est-on si peu sévère pour ce genre d'objets d'art élémentaire et si grincheux contre les tableaux?

Le pourquoi est bien facile à trouver : celui qui fait un tableau, sans avoir un maître membre du jury, est un intrus non initié. C'est un concurrent peut-être maladroit d'abord, mais qui pourra dépasser les maîtres officiels un jour, tandis que celui qui a fait un dessin est un élève de ces mêmes bonshommes du jury, lesquels n'osent pas jeter les œuvres de leurs élèves à la porte, surtout s'ils sont riches et si les parents sont en relation d'amitié ou d'intérêts avec ces juges partiaux.

Les plus grands peintres ont tous commencé par faire des croûtes avant d'arriver à la célébrité. Ils ont beau renier leurs enfants, on les reconnaît souvent, et, leur dignité a beau s'en offenser, on sait bien qu'ils n'étaient pas des artistes capables étant en nourrice. Alors pourquoi sont-ils si difficiles?

On se dira : Mais comment se fait-il que cette année, les artistes étant libres de s'organiser comme ils veulent, que tout soit fait plus mal que d'habitude? C'eci s'explique facilement. Ils sont libres d'être mangés à telle ou telle sauce, tout simplement : sauce Bonaparte ou sauce Trompette.

On n'a pas dit aux artistes : Nous vous laissons la liberté. — Arrangez-vous comme vous voudrez. On a dit aux artistes peintres, par exemple : Vous allez choisir cinquante d'entre vous au *scrutin de liste*, c'est-à-dire servez-vous du vote le plus insensé qu'il soit possible d'imaginer, — le vote par fournée. On a déjà beaucoup de mal à bien choisir lorsque l'on veut se faire représenter par un homme, sans cependant être aussi difficile que Diogène, car, si vous prenez tel grand peintre pour vous représenter, il peut être très mauvais coucheur; si vous prenez un bon enfant qui vous sera — vous l'espérez — favorable, il sera peut-être incapable de bien juger ; si vous prenez un peintre du genre que vous avez adopté, il sera peut-être jaloux de vous et vous évincera, vous qui l'avez élu, ou bien il ne recevra que les peintres qui sont de son école.

Ainsi on est déjà très embarrassé pour trouver un représentant juste et capable, et on vous force à choisir cinquante chefs qui sont irresponsables puisqu'on ne sait jamais qui a chassé l'électeur du sanctuaire.... Et on nomme cela vous donner la liberté!

Les difficultés du dépouillement des bulletins de vote ont été très grandes ; cependant une foule d'artistes électeurs, ne sachant pour qui voter, ne se sont pas dérangés, et un très grand nombre d'autres n'ont usé que d'une partie de leur droit en ne mettant sur leurs bulletins que quelques noms au lieu d'en mettre cinquante. Au total il n'y a pas eu le cinquième des voix que si tous les artistes électeurs avaient voté pour cinquante candidats, ce n'est donc pas un vote sérieux et valable.

Le premier acte que le jury a commis a été une mauvaise action. A peine élus, ils ont trouvé qu'il ne fallait pas dépasser un certain nombre de tableaux à l'exposition de peinture : ils ont agi comme la Chambre élue au scrutin de liste en 1849, laquelle a rayé 4 millions d'électeurs politiques. Eux, ils ont rayé peut-être 4000 électeurs artistes, car, en éliminant une foule d'œuvres de nouveaux, c'était éliminer une foule d'artistes qui auraient été électeurs.

Que les arrivés admirent en politique le scrutin de liste qui doit les maintenir indéfiniment dans les classes dirigeantes, — cela se conçoit, n'étant plus,

par ce procédé, en contact direct avec des électeurs
qui pourraient ne plus vouloir de ces Messieurs. Il
ne peut y avoir que des habiles ou des niais pour
vouloir un mode aussi vicieux et aussi compliqué
de votation : il n'a produit que de très mauvais résultats en politique dont on n'a qu'une faible idée
par ce qui se passe actuellement dans la république
des beaux-arts.

Je suis persuadé que si on laissait les artistes libres de s'organiser à leur idée ils ne choisiraient
pas le mode idiot d'élection qu'on leur a imposé. Par
exemple chaque artiste peintre électeur pourrait
donner sa voix à un seul candidat, et les 50 premiers seraient élus. Ou il serait peut-être encore
mieux de les diviser en 50 régions dont chacune
nommerait un membre du jury ; de cette manière
on connaîtrait mieux pour qui on vote. Il en serait
de même pour les statuaires, les architectes, les
graveurs, etc., selon le nombre des juges à élire,
etc.

Le scrutin uninominal (ce petit scrutin, ce petit
scrutin,... ce petit scrutin, comme le répète tous
les jours le perroquet Gaulier, du *Rappel*, ce Jac-
quot à qui on pourrait demander s'il a déjeuné
chez Gambetta), c'est le scrutin par excellence. Il

est bien préférable au scrutin *au tas* ou de liste, car il se rapproche bien plus du grand principe de gouvernement direct par le peuple où la division est encore bien plus grande, puisque chacun est son électeur et son élu. Les partisans du scrutin de liste vous parleront des intérêts généraux de l'art, comme en politique les mêmes nous parlent des grands intérêts généraux de la France. N'écoutez pas ces blagueurs qui ne s'occupent que de leurs intérêts, mais qui ne connaissent ni les intérêts généraux de l'art ou du pays, ni les intérêts individuels de tous.

Ils vous diront aussi que le scutin de liste est le scrutin des capacités : je dis, après Lamartine, que c'est le scrutin de l'intrigue. C'est le scrutin d'un dictateur et de ses clients : quelques têtes et beaucoup de zéros, voilà pour les capacités. Les élus au scrutin uninominal, disent les partisans des listes, sont des élus de clocher, des capacités de province, des représentants de Fouilly-les-Oies, et autres gracieusetés stupides. C'est se moquer du monde ! Victor Hugo, Thiers, Gambetta, Lamartine, Grévy, Raspail et tous les plus célèbres députés ne sont-ils pas nés en province et n'ont-ils pas toujours été élus avec n'importe quel système électoral ?

Par le vote par unité on choisira toujours le plus capable; on choisit d'autant mieux qu'on le connaît davantage. Qui connaît-on dans les listes de cinquante noms? A part trois ou quatre noms que l'on fait mousser d'autant plus que l'on veut se faire aider par eux, comme dans la *Camaraderie* de Scribe, on ignore les autres et on s'aperçoit à leurs œuvres que ces grands génies sont des incapables, des intrigants et quelquefois pire.

Le grand principe démocratique est qu'il faut faire ses affaires soi-même, et, si cela est impossible, il faut avoir un unique représentant pour un petit nombre d'électeurs pour qu'il soit mieux connu d'eux. Cela n'est pas seulement vrai pour la Grande République française, mais encore pour la petite république des beaux-arts qui a sous les yeux cet exemple d'un Gambetta se cachant derrière le clérical Bardoux pour faire adopter le scrutin de liste, faire ses affaires, et trop être le directeur des nôtres; lui qui n'a déjà pas si bien réussi en 1870 en se substituant à la Nation pour qu'on le laisse encore devenir dictateur.

E. DELAURIER,

Électeur dans la section de peinture.

LETTRE

A M. GRÉVY

SUR LE SCRUTIN DE LISTE

A M. le Président de la République

L'insistance *inopportune* pour les affaires du pays et plus qu'extraordinaire de M. Gambetta pour le funeste *scrutin de liste* me fait, de nouveau, un très grand devoir de vous signaler le danger de laisser établir ce mode informe de scrutin sans l'assentiment de la Nation ; car il me semble que c'est nous d'abord, les électeurs, que l'on doit consulter sur ce mode de scrutin, et non de suivre les idées plus ou moins *désintéressées* de M. le Président de la Chambre, qui paraît déjà bien despote même avant d'être au Pouvoir.

Vous devez vous opposer au mal pour le bien de tous.

Je veux bien supposer que M. Gambetta croit agir dans l'intérêt du Pays et non dans le sien; mais il n'est pas infaillible et, dans sa position, il doit être impartial : car il ne peut être à la fois chef de la majorité et Président juste de la Chambre.

Monsieur le Président de la République, si vous ne vous croyez pas le droit de peser sur la déci-sion de l'Assemblée, il a encore moins ce droit que vous.

Ne serait-il pas possible d'en appeler à la Na-tion du dissentiment qui existe entre vous deux, ou de faire comprendre à la Chambre des Députés que, si votre ministère s'abstient dans une ques-tion de cette importance, M. Gambetta doit en faire autant ?

Un président qui se respecte n'est jamais juge et partie. Puisque la proposition Bardoux est plu-tôt l'affaire Gambetta, ce dernier aurait dû don-ner sa démission dès le dépôt de cette proposi-tion, pour ne pas peser du poids de son pouvoir, de son influence et même de ses déjeuners sur le vote de ses collègues qui n'ont pas le préjugé de croire que le scrutin de liste est un principe républicain.

Dans ma « Pétition à l'Assemblée », j'avais cru trouver un moyen de concilier les deux systèmes de vote [1]; mais les ambitieux ont un parti pris

1. Toute réflexion faite, le système de vote uninominal par circonscription ayant autant que possible le même nombre d'électeurs est encore le meilleur.

La Constituante de 1848 *élue au scrutin de liste* a été cause de l'insurrection de juin et a fabriqué une Constitution pleine de périls. — La Législative de 1849 *élue au scrutin de liste* était réactionnaire et cléricale; elle a rayé quatre millions d'électeurs et laissé faire le coup d'État.

Les corps législatifs de l'Empire ont été élus par le scrutin d'arrondissement, qui n'est pas très bon; mais le meilleur scrutin n'aurait rien valu puisque tous les votes étaient fraudés.

L'Assemblée de 1871 *élue au scrutin de liste* était monarchique et cléricale. Elle a provoqué la guerre civile; elle a été impitoyable pour les vaincus et elle a fait sans droit une Constitution informe et antirépublicaine.

Au lieu de vouloir rétablir le malfaisant et compliqué scrutin de liste, on devrait l'abolir dans toute la France et ses colonies pour tous les conseils municipaux, généraux, etc., etc. Le petit scrutin, comme disent les pique-assiette de M. Gambetta, le *scrutin uninominal*, comme on doit le nommer, est le seul qui puisse faire connaître tous les intérêts particuliers, lesquels composent l'intérêt général, et non le grand et idiot scrutin de liste qui n'est que l'intérêt du gros Gambetta et de ses maigres parasites, qui osent se dire représentants du peuple.

de vouloir ce scrutin de liste, que Lamartine en 1848 avait déjà si bien qualifié de *scrutin de l'intrigue*.

Moi je dis que si ce scrutin maudit était adopté, ce serait la guerre civile régionale à bref délai et, pour sûr, la chute de la République et peut-être la fin de la France, — et tout cela pour contenter un aveugle présomptueux.

Comme vous, Monsieur le Président, j'ai été un prophète de malheur en 1848; je combats de toutes mes forces pour qu'il n'en soit pas de même en 1881.

Veuillez agréer, Monsieur le Président de la République, l'assurance de mon respect et de ma très-haute considération.

Votre tout dévoué,

DELAURIER.

P.-S. — Je serais très heureux de savoir si ma correspondance est parvenue jusqu'à vous.

27 mars 1881

MÉMOIRE

ADRESSÉ

A M. LE PRÉSIDENT DE LA RÉPUBLIQUE

SUR LA

POLITIQUE ACTUELLE

Ce 8 juin 1881.

Monsieur le Président de la République,

Où donc est l'époque si peu éloignée où l'on ne regardait pas comme acquis à la République le vote de ses ennemis ? Qui plus que M. Gambetta a divisé les trois cent soixante-trois si unis, qui a jeté cette pomme de discorde si peu opportune : Le Scrutin de liste ? Et c'est ce monsieur qui ose se plaindre actuellement du peu de cohésion de la majorité, — lui qui a repoussé tout ce qu'elle voulait faire de grand et de généreux sous prétexte d'inopportunité, lui qui, bien que sans idées, a fait tous ses efforts pour faire avorter les meilleures, ce qui a fait un tort considérable à l'Assemblée. Grâce aux légitimistes, aux orléanistes et surtout aux bonapartistes, il vient de remporter la victoire sur le véritable suffrage universel, le plus loyal, le plus facile à pratiquer pour les électeurs et pour lequel vous-même vous avez pris parti contre celui de liste.

Vous voyez bien, Monsieur le Président, par ce vote bizarre, que j'étais dans le vrai en soutenant que ce système compliqué et perfide de vote n'est pas un principe et qu'il n'a jamais été qu'un expédient dangereux que l'on adopte ou repousse selon ses intérêts.

L'expérience de la Convention est là, et M. Boysset l'a parfaitement fait ressortir en montrant que cette Assemblée, ayant été élue par ce funeste scrutin, la guerre civile régionale en est sortie. La majorité avait compris ce qu'il y avait de mauvais dans ce procédé d'élection, puisque dans la constitution de 1793 le scrutin uninominal a été préféré malgré l'amour de l'Assemblée pour l'unité nationale.

Aussi était-elle au pôle opposé de l'unité de liste, ce système insensé proposé par Émile de Girardin, système qui se rapproche d'une certaine manière des plébiscites sur un nom.

Les huit voix de majorité, qui font chanter victoire aux gambettistes qui reçoivent des faveurs de leur maître, ont été obtenues, par un escamotage indigne, avec la complicité du marquis de Valfons, un légitimiste, et d'autres orateurs qui ont cédé leur tour de parole à M. Gambetta, en sorte que le vote, qui devait se faire le 20 mai, a été enlevé par surprise le 19.

La majorité, espèce de coalition informe contre les droits que le peuple doit avoir de choisir sa manière de voter, a malheureusement dans ses rangs le bon vieux républicain Louis Blanc, si connu pour son imprévoyance politique ; Lockroy qui a toujours besoin d'être l'ami d'un maître et qui craint, peut-être, de ne pas être réélu ; l'aveugle et peu rusé Clémenceau, produit hybride du scrutin de liste et du scrutin d'arrondissement, comme le clérical Bardoux, l'homme à double face, ex-ministre de Mac-Mahon et futur chef du cabinet de M. Gambetta, si ce dernier devient encore dictateur. Il y a eu aussi quelques vieux républicains de 1848 fidèles au système qui les a tirés de la foule et qui ensuite les y a rejetés brutalement. Le nouveau Mangin, au contraire, est infidèle au scrutin uninominal qui l'a fait ce qu'il est, tant ses convictions et sa reconnaissance sont faibles.

Les niais politiques qui ont beaucoup oublié et n'ont rien appris, ont été doublés des habiles de la droite, qui tous étaient pour le scrutin uninominal, et dont la moitié viennent de renier leurs principes et leurs convictions politiques pour se tourner vers le distributeur des richesses et des honneurs ; ceux-là étaient sans doute inscrits d'avance sur la liste de M. Gambetta et avaient peu de chances d'être réélus par le vote au scrutin d'arrondissement, les électeurs les connaissent trop bien, par ce système de vote, la base la plus solide de la souveraineté nationale.

Monsieur le Président, vous avez probablement promis de rester neutre dans la lutte, votre conviction n'étant peut-être pas encore assez faite contre le scrutin de liste : vous vous apercevrez bientôt que vous avez eu tort, car le devoir du Président de la Chambre était d'en faire autant, et il ne l'a pas fait.

Si vous ne croyez pas devoir demander au pays

son opinion (ce qui serait cependant la chose la plus juste), vous auriez dû user du droit de demander une deuxième discussion à la Chambre, car c'est une chose très grave qu'un attentat à la Constitution dans ce qu'elle a de fondamental et de meilleur. Plus on aurait discuté cette question, plus on aurait eu de partisans de l'uninominal.

La parole est aujourd'hui au Sénat : vous ne pouvez rester neutre, lors même que vous l'auriez promis, car vous ne pouvez pas, par un scrupule de conscience exagéré, nous laisser arracher et défigurer notre chère République et vous laisser mettre à la porte de l'Élysée par un rhéteur sans vergogne et qui a jeté le masque. Il vaut mieux une très petite agitation du pays que sa mort politique; M. Gambetta et ses complices ont-ils craint de diviser les républicains, de s'allier aux pires ennemis de la République et de bouleverser le pays pour devenir les maîtres de la France ?

Votre journal *la Paix* a défendu le scrutin uninominal avec un certain talent, mais sans la passion des adversaires intéressés de ce scrutin. On sentait chez lui la fatigue, et il disait, avant le vote du 19 mai, que la question était épuisée depuis longtemps. C'est une grande erreur, car elle a

été présentée inopinément et inconstitutionnelle-
ment à la Chambre qui n'avait pas, elle-même,
d'opinion faite à ce sujet et qui n'avait pas le droit
de modifier le système qui l'avait élue.

La question sur la manière de voter a peu ému
le public, parce qu'il ne l'a étudiée que dans les
journaux gambettistes qui, presque seuls, s'en sont
occupés avec un zèle extraordinaire pour qu'il y
ait un grand électeur et dans le but d'usurper
plus facilement ensemble la souveraineté du
peuple.

Je suis une des rares personnes qui ont protesté
de suite contre la proposition Bardoux, sans même
me préoccuper de savoir si M. Gambetta en était ou
non partisan, parce que j'ai travaillé depuis longtemps déjà à rechercher théoriquement les causes
de la chute de nos républiques. Avoir le droit et la
force pour soi,.... et tomber, me semble une anomalie inexplicable, moi qui crois à l'infaillibilité
des peuples. J'attribue tous nos malheurs, avec
certitude actuellement, au mode de votation vicieux pour l'exercice de la souveraineté de la
Nation : avec une mauvaise base, rien de solide.
Quand j'ai vu que le scrutin d'arrondissement,
très imparfait mais le meilleur que nous ayons eu,

allait être arraché au peuple par l'erreur des républicains prenant le vote absurde et compliqué du scrutin de liste pour un principe et une tradition, par la seule raison que c'est l'opposé du système électoral de l'empire, j'ai été furieusement indigné contre l'auteur de la proposition qui allait agiter le pays inutilement et peut-être lui arracher sa souveraineté. J'ai donc fait tous mes efforts pour combattre énergiquement cette funeste erreur et l'insulte que l'on faisait aux électeurs, en disant que l'on voulait moraliser le suffrage universel, lorsque c'était pour le mieux duper en le faussant; lorsque ce mot de moralité signifiait les intérêts de MM. Gambetta, Bardoux et autres députés qui n'ont pas rempli leurs devoirs envers leurs électeurs. On n'achète pas vingt mille électeurs comme on achète un simple député : le danger de la corruption vient donc bien moins d'en bas que d'en haut et beaucoup obéissent mieux à un maître qu'à leurs électeurs.

Pour moraliser les autres il faudrait au moins donner l'exemple : c'est malheureusement ce que l'on reproche à M. Gambetta de ne pas faire, et il ne s'en est pas défendu, n'ayant probablement pas de bonnes raisons à donner. Tous les coupables semblent toujours mépriser leurs accusateurs et être au-dessus de toutes les attaques.

La grande trahison du Président de la Chambre, ce modérateur de la gauche et la cause de son inertie, est assez visible par son faible triomphe à l'aide de la droite et par le grossier appât de cinquante-sept places de députés en plus que M. Bardoux a ajouté au dernier moment à sa proposition de loi inconstitutionnelle et violatrice de tous nos droits.

Monsieur Grévy, si vous ne voulez pas vous défendre pour vous-même, vous êtes obligé de le faire pour la République, car vous avez en main un dépôt sacré que vous devez rendre intact. Vous n'y faillirez pas! Tout le monde sera avec vous lorsque la question sera un peu mieux étudiée. Il y a six mois, si le vote de la proposition Bardoux avait été fait de suite, on n'aurait peut-être pas trouvé à la Chambre dix députés républicains clairvoyants pour rejeter ce projet de loi si trompeur. La discussion dans les journaux et dans les bureaux de l'Assemblée a éclairé un peu sur le péril du système de votation par liste. En continuant, avec le plus léger effort, vous seriez sûr de vaincre celui qui veut s'emparer de votre place et redevenir dictateur en s'appuyant sur la réaction, comme ont fait les Napoléon, dont il veut être le continuateur sous une autre forme plébiscitaire. Il ne faut pas que le roué, le despote remplace le vertueux républicain.

Veuillez me faire l'honneur d'agréer, Monsieur le Président de la République, l'assurance de mon respect, de ma sympathie et de mon dévouement pour la souveraineté du peuple.

DELAURIER,

Républicain avant 1848,
Membre de la Société d'encouragement,
de la Société de physique,
de la Société des Amis des sciences, etc., etc.

P.-S. N'oubliez pas, Monsieur le Président, que les bonapartistes ont dit avoir voté le scrutin de liste, pour nous mettre dans le gâchis et renverser plus facilement l'ignoble République. Il y a quelques jours j'allais avoir l'honneur de vous envoyer ce mémoire, lorsque j'ai appris que le Sénat était saisi de la question et qu'il était trop tard pour demander une seconde lecture à la Chambre. Si, méconnaissant ses plus chers intérêts, — ce qui m'est parfaitement égal pour lui, — le Sénat adoptait la loi Gambetta-Bardoux, votre expérience et votre dévouement à la République vous feront trouver les moyens de déjouer les projets de l'usurpateur de notre souveraineté. Son voyage impudent à Cahors, avec un nouveau Saint-Arnaud, au lieu de faire son devoir de Président de la Chambre, n'est-il pas une preuve de l'infâme trahison de cet ambitieux sans frein ?

Monsieur le Président, vous vous êtes tenu sagement dans les limites de la Constitution. Vous n'y seriez plus si vous laissiez faire ce charlatan politique. Vous qui devez exécuter les volontés de la Nation, vous ne devez pas souffrir que sans aucun droit un simple citoyen se mette au-dessus de tous, bien moins par son éloquence bruyante et boursouflée que par l'intrigue la plus éhontée.

On arrête et on punit les petits filous. Est-ce que notre liberté n'est pas au-dessus de quelques pièces de cent sous, d'autant plus que les usurpateurs ne font pas que nous voler nos droits : l'expérience prouve bien qu'ils ne sont pas non plus désintéressés ?

Si vous ne faites pas arrêter M. Gambetta pour s'être permis de se substituer à vous et avoir préparé un complot avec ses acolytes, je l'engage à aller à Belleville rendre compte de sa conduite à ses mandants. Nous verrons alors si, malgré tous les parasites à qui il a promis des places, ce ne sera pas le revers de la médaille de son scandaleux triomphe de Cahors.

D.

ÉTUDE

SUR

LA QUESTION SOCIALE

ET

L'IMPOT UNIQUE

Juin 1881.

Si le sol de la France, au lieu de compter 36 millions d'habitants, n'en avait que 1 million, il est
plus que probable que personne ne se croirait le
droit d'occuper en propriétaire une partie du territoire et que, du moins, malgré l'envahissement de
quelques points par certaines natures d'accapa-
reurs, il existerait assez de terre libre pour que
les autres habitants y pussent vivre plus ou moins
mal de la chasse, de la pêche ou d'une culture
grossière des terrains où il leur plairait de camper.

J'en conclus de là que la terre doit en principe

appartenir à tout le monde, mais on ne peut pas nier que celui qui la fait fructifier a plus de droits à la posséder que le nomade qui ne se donne que la peine de prendre ce qu'il trouve.

Plus la population augmente, plus le droit de chacun de prendre un morceau du sol se trouve restreint, tantôt par de larges spoliations comme le don de toute une contrée fait aux Normands, tantôt par des conquêtes pareilles à celle de l'Angleterre par ces mêmes hommes du Nord.

Il existe une autre spoliation moins apparente, mais plus réelle et plus active, une spoliation que l'on dit légale, mais qui, au fond, est très injuste : c'est le droit d'aînesse qui, en Angleterre, a perpétué le vol des Normands et, en Irlande, les spoliations provenant de la conquête et des guerres civiles.

Quoiqu'en France cet affreux système, qui donne tout à l'aîné et rien aux cadets, n'existe plus, il y a bien d'autres causes d'inégalités injustes : c'est à cela qu'il faut remédier.

En effet, par la civilisation nous augmentons considérablement la richesse sociale au profit de quelques-uns, et les autres peuvent se dire : « mais « nous serions mieux dans un pays sauvage, car

« la terre, en principe, appartient à tout le monde. »

Je suis certain que les plus malheureux de notre état social ne sont pas aussi misérables que l'homme à l'état sauvage : seulement ils sont moins libres.

Il est donc indispensable que, puisque l'homme n'a pas la terre à laquelle il a droit, et qui peut souvent très légitimement appartenir à d'autres, il est donc nécessaire, dis-je, qu'il y ait compensation pour les plus déshérités, ou au moins équivalence, pour parler comme les chimistes.

Partager la terre serait à la fois injuste, en ce que les propriétés acquises légitimement seraient soumises au même sort que celles volées, et cela ne servirait à rien, car, avant dix ans, il faudrait recommencer : combien donneraient leur part d'héritage pour un plat de lentilles !

Mettre les biens en commun serait une injustice criante : il existerait toujours des privilégiés; il n'y aurait plus ni liberté, ni activité, ni mobile de bien faire, etc.

Il faut cependant, autant que possible, que tout le monde soit heureux : c'est d'autant plus juste et plus facile que la richesse générale est la plus grande.

Il faut donc d'abord produire le plus possible et

détruire le moins possible ; ne pas dire stupidement
« Faire et défaire c'est travailler. » Il faut éviter
les guerres injustes et proscrire les parasites reli-
gieux ou autres qui vivent aux dépens des imbéciles de bonne volonté et même à ceux des gens
intelligents qui ne veulent pas d'eux. Mais ceci ne
suffit pas : il faut employer un remède radical
excessivement simple. Quel est ce remède? Quelle
est cette panacée universelle? C'est tout simplement d'avoir un impôt unique et de faire peser cet
impôt sur les héritages, sans rien changer à la loi
pour la transmission des biens.

On a pensé à restreindre l'héritage : c'est à tort,
car plus il est étendu, plus la richesse se trouve
répartie et plus on s'éloigne du système anglais en
Irlande.

Certains diront peut-être : « Mais les droits de
« succession sont déjà excessifs, et vous com-
« mettez une spoliation en mettant un impôt énorme
« sur l'héritage. » D'abord tout le monde sait qu'un
impôt unique diminuerait énormément les frais de
perception ; alors que d'employés deviendraient des
producteurs au lieu d'être des consommateurs !

Ensuite il est évident que l'impôt perçu après la
mort de quelqu'un est l'impôt qui le gêne le moins.

Ce n'est pas une spoliation, car si, au lieu de laisser une fortune de 10 millions après avoir acquitté une foule d'impôts vexatoires et qui, pour perception, exigent des milliers de fonctionnaires, j'en laisse une de 20 millions parce que le fisc n'a rien prélevé sur elle, il est bien juste que l'État en prélève la moitié pour se rembourser des frais qu'il a faits pour me protéger toute ma vie contre les voleurs, les accidents, etc., etc. Il faut nécessairement que cet argent soit pris quelque part, et les héritiers ne perdent rien.

Certes il y aura bien des gens qui, n'ayant pas d'impôts à payer, n'en mettront pas davantage de côté, mais combien aussi, n'étant pas pressurés, gênés, contrariés dans leurs travaux, produiront beaucoup plus et enrichiront le pays en s'enrichissant eux-mêmes !

Il y a encore une considération très grave, très importante : c'est que les héritages sont cause de bien des vols, de discordes, de haines et de crimes. Si l'État, au contraire, vient revendiquer sa part, et qu'il ait l'œil ouvert sur ce qui se passe, que de méfaits il pourra empêcher avec un peu de précaution !

Pour les valeurs au porteur, il pourrait exister

une marque, un cachet de chaque vendeur, pour que l'on puisse savoir l'origine de chaque valeur et suivre la filière de ses passages de main en main. De cette manière les voleurs seraient facilement pris aussitôt qu'ils voudraient vendre ou simplement toucher les coupons.

J'espère avoir trouvé un bon moyen d'éteindre la misère en France et dans tous les pays. Si on trouve un autre moyen aussi simple et meilleur, je m'inclinerai avec plaisir.

RÉSUMÉ

L'homme qui vient au monde sans avoir sa place libre, doit avoir comme compensation :

1° Une bonne instruction pour pouvoir lutter sans désavantage avec les autres.

2° Ne jamais payer d'impôts, etc., pour être protégé, puisqu'on a pris sa place sur le sol.

Si par mon système il existe encore des malheureux, ils pourront par la liberté d'association se soutenir entre eux. Pour qu'ils jouissent de cette liberté, il faut que la République existe; pour qu'elle existe et soit durable, il faut repousser avec énergie le funeste *scrutin de liste* qui produirait cinq à six cents rois irresponsables comme des directeurs de Sociétés anonymes et qui agiraient comme la *Chambre des jours de malheur* en 1871, qui a été plus cruelle et plus despotique que les plus farouches tyrans de l'histoire.

Comme il serait injuste et dangereux de faire cette grande réforme tout d'un coup, il est nécessaire de la commencer de suite en augmentant chaque année de 5 pour 100 les droits de succession dus à l'État. En quinze ans la transformation de tous les impôts en impôt unique sera complète.

Avec les capitaux que l'on toucherait pendant la période mixte, on détruirait les impôts les plus onéreux à l'État, les plus gênants pour les citoyens et surtout on abolirait la dette publique qui nous fait payer un milliard de plus d'impôt par an. Voilà une des plaies de la Société qu'il faut fermer bien vite, sans cela nous tomberons dans le gouffre de la révolution et de la banqueroute.

A propos de la dette, je trouve que l'on vient de commettre une faute très grave en empruntant un milliard pour racheter les petites lignes de chemins de fer.

L'État exploite mal et à grands frais d'employés. Il aurait suffi d'assurer 3 à 4 pour 100 d'intérêts aux petites lignes d'utilité générale pour les relever de leur discrédit et assurer leur achèvement.

Si le rachat des chemins de fer est une spéculation, c'est un grand crime.

DELAURIER.

P.-S. — Pour qu'il n'y ait pas d'injustice dans l'application de cette loi, il faudrait que dans une succession on ne paye pas des droits déjà payés à l'État dans l'intervalle de treize ans, par exemple, etc., etc.

Dans aucun cas il ne pourrait y avoir répétition pour les droits perçus par lui.

A M. GERMAIN CASSE, DÉPUTÉ

Monsieur,

Plusieurs personnes prétendent que c'est pour échapper aux questions indiscrètes de vos électeurs, et pour être plus indépendant et plus irresponsable devant eux que vous vous êtes fait le serviteur de M. Gambetta. Vous avez donc plus d'avantages de ce côté? S'il en est ainsi, vous devriez donner votre démission de mandataire du peuple : on ne sert pas bien deux maîtres à la fois.

Je voudrais bien que vous ayez l'obligeance de nous dire pourquoi vous avez voté le *scrutin de liste*, si vous ne nous trahissez pas. Je n'ai pas du tout connaissance que nous vous ayons donné ce mandat, et c'est empiéter insolemment sur notre souveraineté. Ce sont vos électeurs qui ont le droit de décider du mode de votation qu'ils doivent employer, et non pas vous qui deviez nous l'imposer.

Si vous aviez voté tout simplement un règlement de la Chambre, cela ne nous regarderait pas beaucoup, mais ici c'est une affaire bien autrement importante : c'est la base même de la souveraineté du peuple que vous vous permettez, sans en avoir le droit, sans avoir notre consentement, de modifier profondément.

Vous pouviez perfectionner le scrutin uninominal qui est imparfait, mais vous ne pouviez être apte à le changer s'il est mauvais, puisque vous reconnaissiez par cela même que vous n'aviez pas la capacité et les pouvoirs nécessaires; si au contraire vous le trouvez bon, vous commettiez un crime en le rejetant. Il y aurait des circonstances atténuantes en votre faveur, si l'on pouvait supposer un instant que vous agissez sans intérêt

et inconsciemment; si, par exemple, les sophis-
mes du rhéteur Gambetta et de ses complices pouvaient s'appliquer à notre circonscription : mais il
n'en est pas ainsi.

Ces Robert Macaire prétendent que c'est pour
moraliser le suffrage universel! N'auriez-vous pas
dû protester énergiquement contre cette insulte à
l'arrondissement qui vous a élu contre feu Asse-
line, ce partisan bêta du scrutin de liste! Est-ce
que Montrouge et Plaisance sont vos bourgs pour-
ris, vous qui n'étiez guère riche avant d'être notre
député, ainsi qu'il signor Gambetta avant d'être
celui de Belleville? Est-ce que le XIVe arrondissement de Paris se nomme Fouilly-les-Oies? Est-ce
que vous êtes un représentant de clocher, vous
qui avez été élu par plus de neuf mille électeurs
de la capitale? Êtes-vous plus assailli de demandes
de places que ne l'étaient les députés élus à la
liste?

Je ne pense pas, Monsieur, que vous soyez assez
simple pour croire à ces billevesées de journaux
qui se disent démocratiques, la *République* et le
Rappel, et qui sont complices ou dupes du rusé
Génois de Cahors. Ces raisonnements sont déjà
assez idiots et passés à l'état de scie lorsqu'il s'agit

de la province, mais ils sont encore bien plus insensés appliqués à une ville comme Paris. Toutes ces balivernes ont été inventées par des ambitieux sans talent ne pouvant se faire élire que par des coteries en flattant un maître pour être sur sa liste : ce qui détruirait le véritable suffrage universel, le *scrutin uninominal*, le meilleur, parce que, à défaut du gouvernement direct du peuple, on connaît un peu son député.

Au lieu d'insulter les électeurs en les supposant toujours capables de se vendre au plus offrant et dernier enchérisseur, contrairement à ses plus nobles intérêts, ne ferait-on pas mieux de chercher à ne faire aucun trafic de conscience avec des députés, et de ne pas se servir du scrutin de liste pour faire échapper nos mandataires à la responsabilité de leurs actes et les couvrir du voile de l'anonyme en les faisant élire en tas dans chaque département ?

Il est bien fâcheux pour les vendus au rhéteur Gambetta que le système insensé de l'unité de liste d'un spéculateur trop adroit, feu Émile de Girardin, n'ait pas été adopté, car ce serait le triomphe de la cacophonie et de l'intrigue où nagerait avec délices votre gros ami Gambetta, votre futur roi ou empereur, si nous devenions aveugles et que vous nous trahissiez.

L'unité de liste, c'est bien là le grr....rand scrutin cher à M. Gaulier, du *Rappel*, et aux députés en herbe qui écrivent dans le journal *la République*, scrutin analogue au plébiscite des bonapartistes. Pour eux cinq ou six cents ou mille circonscriptions électorales ne sont rien ; dix millions même d'électeurs ne compteraient pas dans le gouvernement direct du peuple : ce serait le petit scrutin émietté. Il leur faut le *grand* scrutin marchant à là baguette ; toute la France nommant, par force ou par escamotage, un grand chef en même temps que ses satellites.

« Diviser pour régner » est le grand principe monarchique ; nous, républicains, nous croyons que l'union fait la force. M. Gambetta a su diviser les républicains pour régner avec les monarchistes de toutes nuances qui cherchent un maître, principalement les bonapartistes.

Ne croyez-vous pas, Monsieur Germain Casse, qu'une fois au pouvoir définitivement, Léon Ier, empereur, ne vous rejettera pas comme inutile et gênant, après s'être servi de vous, lors même que vous le suivriez pas à pas dans ses évolutions politiques vers la droite? Est-ce que le marquis de Gallifet, le grand ami de l'ex-citoyen Gambetta, ne vous aurait pas fait fusiller, s'il vous avait eu sous la main, lorsque la fameuse Chambre de 1871, *élue au scrutin de liste*, avait pour exécuteurs de ses hautes œuvres MM. Thiers, Mac-Mahon, de Cissey, etc., etc.? Ne trouvez-vous pas dangeureux que de nouveaux Saint-Arnaud et Cornemuse, qui ont fait leurs preuves de férocité ailleurs qu'en Afrique, soient des intimes de M. Gambetta? Ne craignez-vous pas pour vous-même cette promiscuité de l'ex-dictateur avec ces ennemis de la liberté? Des écrivains aveugles ou vendus font l'éloge du scrutin de liste, qui seul peut donner le pouvoir à un ambitieux des plus dangereux, qui a déjà été dictateur à Tours, et notre sauveur à l'instar de Napoléon III. Il n'a rien su faire de bon du pouvoir; il ne pourrait que faire du mal pour se venger de son incapacité.

Le peuple seul doit gouverner; seul il est infaillible.

Par sa marche tortueuse M. Gambetta a su diviser les républicains et ôter la foi dans le suffrage universel et la souveraineté du peuple. La division est fort grande, parce qu'il n'a su ou voulu rien faire, et les ouvriers, qui avaient compté sur la République, n'ont eu que de sanglantes déceptions. Le dévouement des bourgeois Baudin, Barbès, Blanqui, Floureus, Delescluze et de tant d'autres, qui aurait dû cimenter l'union des classes, n'a rien produit. Les ouvriers élus, Peupin, Corbon, Tolain, se sont occupés bien plus de leurs intérêts que de celui de la classe ouvrière : alors on ne sait plus à qui se fier.

La Chambre actuelle, élue au scrutin d'arrondissement, est encore imprégnée de ce funeste virus, le *scrutin de liste*, plusieurs députés ayant fait partie de l'Assemblée de 1871, et c'est ce qui fausse notre chère République. C'est pourquoi aussi la majorité a été si docile vis-à-vis de M. Gambetta qui a brisé l'initiative de tous ceux qui auraient pu résoudre en partie la question sociale, chose qui sera possible le jour où la Nation sera bien représentée, car j'ai la plus grande confiance dans la souveraineté du peuple; je crois même à son infaillibilité.

Le scrutin de liste n'est pas un principe, car la plupart des membres de la Convention n'ont été connus antérieurement que par le scrutin uninominal, et, une fois élus par liste, cela a fait une solidarité par régions : ils se sont décimés entre eux, et la guerre civile en est résultée. La Constitution de 1793 avait mis ordre à cet abus si dangereux des listes; les conventionnels trouvaient donc que le système était mauvais. Eux, au moins, ne faisaient pas comme M. Gambetta; ils n'escamotaient pas un vote, puisqu'ils ont soumis la Constitution de 1793 à l'acceptation du peuple.

Les trois assemblées de 1848, 1849 et 1871, élues au *scrutin de liste*, n'ont fait que crimes et sottises. Je ne conçois donc pas ce qui a pu vous engager à voter ce scrutin de liste. Si vous avez de bonnes raisons à donner pour empiéter sur nos droits inaliénables, vous ne feriez pas mal de nous les faire connaître par un écrit public et non dans de simples réunions où les amis abondent et dont les sténographes sont absents.

Veuillez agréer mes salutations empressées,

Delaurier,

Électeur du XIVe arrondissement.

P.-S. La seule raison d'apparence un peu sensée que nous a donnée M. Gambetta, est que l'influence de la richesse est trop grande et qu'elle peut gagner les électeurs dans le vote uninominal, tandis qu'il n'en serait pas de même avec le scrutin de liste. Je puis affirmer que c'est le contraire de la vérité, car si un candidat peut arriver par son mérite et ses vertus dans une circonscription, son influence sera trop faible dans un département : il ne pourra faire les dépenses nécessaires pour cela. Si, au contraire, c'est un homme riche qui peut se faire élire dans une circonscription par l'influence de sa fortune, il sera certainement élu aussi dans le département. Il ne sera probablement pas le premier de la liste, mais il sera élu plutôt que l'homme de mérite. Souvent même il ne serait pas nommé dans une circonscription, mais, par l'intrigue et en se faisant mettre sur plusieurs listes, il finira par triompher dans le vote départemental rien que par la puissance de ses écus.

Je vous ai traité de *Monsieur*, comme il signor Gambetta. Si vous voulez être un bon citoyen et continuer à avoir nos suffrages, je vous offre un moyen de vous réhabiliter aux yeux de vos électeurs : c'est de demander d'urgence à la Chambre une loi pour que nous ayons, chose juste, le droit et le pouvoir de révoquer, pendant la durée de leur mandat, les représentants qui n'agiraient pas selon le vœu de la majorité de leur collège électoral, de même qu'ils ont le droit de donner leur démission s'il leur plaît de ne plus nous représenter.

De plus vous pourriez proposer une autre loi pour faire disparaître tout de suite l'inégalité de population qui existe dans les circonscriptions électorales.

Enfin, et ce serait sans doute porter au comble la reconnaissance de tous, travailler à faire abolir ce stupide et dangereux *scrutin de liste* qui provoque la fraude, la corruption, la haine, bien plus que le scrutin uninominal, et qui divise toutes les communes de France en deux partis ennemis. Tantôt tous les domestiques d'un château sont les conseillers municipaux d'une commune, et cela se perpétue ; tantôt il y a des revirements brusques et complets presque aussi nuisibles : alors les minorités ne peuvent surveiller les majorités, car elles sont complètement éliminées.

On pourrait dire aujourd'hui du scrutin de liste ce que M. Gambetta a dit, avec raison, du cléricalisme (mais sans oser ou vouloir y toucher : ne met-il pas sa main dans celle du clérical Bardoux? n'a-t-il pas prôné le clergé national et fait augmenter le traitement des prêtres?): « Le scrutin de liste, voilà l'ennemi ! »

Il serait donc bon de proposer une loi pour que les communes soient divisées en autant de circonscriptions électorales qu'il y a de conseillers municipaux à élire; ce serait un grand service à rendre à la nation.

D.

QUELQUES IDÉES GÉNÉRALES

POUR LE BONHEUR

DE LA FRANCE

ET DES AUTRES NATIONS

Le suffrage universel seul peut rendre les peuples heureux, parce que l'intelligence générale est toujours plus grande que celle d'une classe démocratique ou aristocratique ou d'un roi, fût-il le meilleur et le plus intelligent des hommes. C'est le seul moyen efficace pour que les intérêts de tous soient bien défendus et qu'aucun ne soit sacrifié au profit de la classe ou faction gouvernante.

Pour que le suffrage universel soit réllement la panacée politique et sociale, il faut qu'il soit libre et loyal. Il faut que le *Grand scrutin uninominal* règne en maître pour que les électeurs connaissent bien l'élu qu'ils nomment, et pour qu'ils aient toujours assez d'autorité sur lui pour que celui-ci ne dévie pas de la ligne qu'il a adoptée en sollicitant ou en acceptant l'honneur d'être le serviteur de ses véritables souverains. Il faut reconnaître et suivre le grand principe de la révocabilité de l'élu, qu'il se nomme député ou représentant du peuple : cela est impossible avec le *scrutin de liste*.

De même que l'élu doit toujours avoir la liberté de donner sa démission, nous devons avoir toujours à chaque instant le droit de le révoquer s'il ne nous paraît pas agir suivant nos intérêts et notre volonté. C'est une juste réciprocité qui ne doit pas être mal appréciée.

Si l'on n'adopte pas ces grands principes du scrutin uninominal et de la révocabilité de l'élu, le suffrage universel est un leurre, car au lieu d'avoir un maître nous en élisons un grand nombre pour plusieurs années, et nous, nous ne sommes réellement souverains qu'un jour : celui de l'élection. Lorsque le suffrage est uninominal, comme on nomme assez généralement un homme connu par les électeurs de son collège électoral, il a assez souvent la pudeur ou la conscience de ne pas trop oser agir contre la volonté de ses mandants, surtout quand son intérêt personnel n'est pas beaucoup en jeu ; mais lorsque le suffrage se fait au scrutin de liste il n'y a plus aucun lien entre l'électeur et l'élu. Le député à la liste est l'homme d'un parti ou d'un chef et n'est plus responsable devant ses électeurs. Il fait partie d'une société anonyme d'exploiteurs du pays ; il n'est plus que le représentant ou, plutôt, le complice d'une coterie d'individus arrivés par le mensonge et le bagout et qui jurent tout ce que l'on veut pour parvenir à leurs fins, par exemple, obéissance à l'empire comme les Darimon, les Émile Ollivier, les Gambetta, les Jules Favre, les Thiers, les Trochu, etc., etc., etc.

Il est très utile aussi d'égaliser autant que possible le nombre des électeurs de chaque collège électoral pour que la voix d'un citoyen soit l'égale d'une autre.

Le scrutin de liste est la peste qui souille toutes les élections. A la Chambre même on ne se connaît pas assez pour nommer tous les membres d'une commission en connaissance de cause et il se fait d'indignes trafics des consciences. Il en est de même pour la nomination des conseillers municipaux dans les quatre-vingt-dix-neuf centièmes des communes. Il faut, autant que possible, diviser les électeurs en autant de groupes qu'il y a de mandataires à nommer pour n'importe quel objet.

Si le scrutin de liste avait triomphé, nous n'aurions actuellement à la Chambre que des députés esclaves de Gambetta, ayant été choisis par lui, et alors nous serions en guerre sans doute avec l'Italie et la Prusse, et peut-être aussi avec la Russie mécontente de l'alliance anglaise.

Il faut que les députés sachent bien qu'ils ne sont que les mandataires de leurs électeurs et toujours révocables individuellement. Leur orgueil ne doit pas être plus froissé de cette dépendance, de ce système juste que de la dissolution insolente en masse qu'ils ont accordée bénévolement au Président de la République dans la constitution ridicule et pleine de pièges qui nous régit.

De même que les députés de la nation doivent agir suivant l'opinion de ceux qui les ont élevés à cette dignité d'être représentants du peuple, de même les ministres ne doivent être que les serviteurs de la Chambre des députés. Le ministère n'a pas besoin d'accepter ni d'imposer un programme ; il doit toujours agir suivant la volonté générale du pays condensée dans la Chambre des représentants du peuple ; alors il sera très durable et on pourra économiser un conseil d'État coûteux, réactionnaire et, pour lors, complètement inutile et même dangereux. Les ministres qui ne seraient pas d'accord avec la majorité n'auraient qu'à se retirer, sans que cela compromette le ministère. Avec cette manière de gouverner, il n'y aurait pas de crise ministérielle, pas de dissolution de la Chambre, ni même de menace de dissolution, pas de volonté individuelle dont on doive tenir compte : enfin tout marcherait mieux, et les ministres ne seraient pas des éphémères.

Avec un président du Conseil directeur du ministère, il n'y aurait pas besoin d'un président de la République qui, dans certaines circonstances, peut devenir dangereux pour la liberté du pays et la paix intérieure et extérieure.

Si Louis-Napoléon n'avait pas été élu président de la République, il n'aurait pas pu faire son criminel coup d'État dont tant de personnes ont été victimes; il n'aurait pas opprimé le pays pendant vingt ans, ni précipité la France dans un effroyable abîme.

Si le sinistre Thiers n'avait pas été président de la République, il n'y aurait pas eu de guerre sociale et nous n'aurions pas eu la honte de voir Gambetta proclamer *libérateur du territoire* un vieux bavard qui venait de s'allier aux Prussiens pour mieux écraser et poursuivre de sa vengeance féroce les républicains patriotes qui étaient en majorité à Paris. M. Thiers avait déja proposé à Louis-Philippe, en 1848, de bombarder Paris et on savait la haine qu'il portait aux républicains et aux prolétaires qu'il traitait de *vile multitude*. M. Thiers n'était qu'un faux président de la République, puisque la Chambre élue au scrutin de liste en 1871 ne représentait le pays que d'une manière fictive.

Si le maréchal de Mac-Mahon n'avait pas été aussi un faux président de la République, ayant l'apparence de la légalité, il n'aurait pu dissoudre la Chambre ni tenter, ensuite, de faire un coup d'État, ce qui a beaucoup agité le pays et nui à son repos et à sa prospérité.

Il faut un président du conseil des ministres pour avoir l'unité d'action lorsque le pays commande, mais alors la présidence de la République devient une superfétation ou un pléonasme politique.

Il serait très utile qu'il n'y ait pas de vacance de la Chambre des représentants du peuple, car il ne doit pas exister d'interrègne dans le pouvoir souverain de la nation. Les députés doivent être assez largement payés pour que ce ne soit pas une charge pour eux et pour que tout homme capable, quoique pauvre, puisse être élu. Les services gratuits sont les plus coûteux pour ceux qui acceptent que l'on travaille pour eux sans émoluments. Comme beaucoup de députés ont des affaires personnelles à faire en province, il faut des suppléants pour que la Chambre soit toujours au complet. Il est indispensable qu'ils aient une bonne garde pour pouvoir se défendre contre tout conspirateur.

Il faut que la Chambre fasse respecter la République : le mépris est le commencement de la chute d'un système politique ; faire respecter la souveraineté du peuple, c'est avoir de la considération pour la nation qui s'est donné une forme de gouvernement, la seule légitime, et il faut que la Chambre se fasse respecter elle-même, quelles que soient les criailleries de ceux qui veulent déconsidérer la République et qui, sous prétexte de liberté, empiètent furieusement tous les jours sur celle d'autrui.

Insulter ses électeurs, comme a fait M. Gambetta, c'est être ennemi de la République et du suffrage universel.

On me dira sans doute : Mais cela coûtera fort

cher de bien payer les représentants du peuple et leurs suppléants. Mais rien n'est plus facile que de couvrir cette dépense en faisant de grandes économies. D'abord on pourrait supprimer la présidence de la République qui coûte assez cher; on pourrait aussi supprimer le Sénat qui coûte encore plus et qui est presque toujours inutile ou gênant; si les sénateurs sont des hommes capables, ils auront la ressource de se faire nommer députés. Pour qu'il n'y ait pas grande opposition du Sénat contre sa suppression, on proposera aux sénateurs une demi-solde pendant trois ans sans avoir aucun travail; mais pas davantage sous aucun prétexte. Ceux qui feront de l'opposition seront dissous tout de même sans être payés.

On me dira : Ce que vous proposez est inconstitutionnel. Je ne dis pas non, mais il vaut mieux abolir doucement la constitution que de faire une révolution. La France ne peut pas se laisser enfermer dans le cercle de Popilius fait par des conspirateurs contre notre chère République, qui est notre bien à tous, puisque c'est notre liberté et notre souveraineté que l'on voulait détruire.

Respecter la constitution actuelle, ce serait un respect absurde pour une fausse légalité : la Chambre élue au scrutin de liste, par ordre de la Prusse, en 1871, n'avait aucun droit constituant. On pourra aussi faire de grandes économies et régénérer l'esprit de la nation en brisant le lien qui l'enchaîne à cette Église catholique qui n'enseigne que le mensonge et le vice, pour que nous continuions à entretenir la paresse des parasites. Il faut donc faire tout de suite la séparation de l'Église et de l'État; c'est dangereux d'avoir un État dans l'État qui traite d'égal à égal avec nous. On devra mettre les prêtres à demi-solde pendant trois ans, mais pas un jour de plus sous aucun prétexte. Cette demi-solde est pour que les malheureux, qui ont été fourrés dans cette société de conspirateurs contre la République, aient le temps de se retourner pour se faire une position sociale; tous ceux qui feront de l'opposition seront privés de ce secours.

Il serait très important de faire de grandes économies : on le pourrait en abolissant cette dette que la plupart d'entre nous n'ont jamais souscrite et qu'il n'est pas du tout loyal d'imposer à nos descendants. Pour abolir cette dette, voici le moyen que je propose : tous les ans l'État donnerait un centime de moins sur la rente 3 pour 100, ce qui annulerait la dette en soixante ans. Pour les autres rentes on ferait une diminution proportionnelle, par exemple : 8 centimes un tiers pour la rente 5 pour 100.

Règle générale : ni l'État ni les villes ne doivent emprunter; il ne faut jamais engager l'avenir. Si vous avez de l'argent, utilisez-le : c'est très bien, mais ne faites jamais de travaux que vos descendants soient obligés de refaire avant de les avoir payés.

Il existe un très grand nombre de parasites à élaguer des administrations, car cela coûte si peu à un ministre de donner des places et même d'en créer pour les amis, lorsque c'est le public qui paye.

Lorsqu'il n'y aura plus de dépenses inutiles, tout le monde en France sera bien plus riche, et même ceux qui vivent à nos dépens seront eux-mêmes plus heureux en travaillant qu'en faisant des choses peu utiles et étant soumis aux caprices des chefs, aux changements de direction ministérielle ou autre. Beaucoup produire et dépenser le moins possible, voilà le but que doit viser toujours l'homme d'État pour faire le bonheur du plus grand nombre.

La richesse énorme, scandaleuse des uns et la misère affreuse des autres, c'est le système social le plus mauvais pour la prospérité d'un pays et pour sa puissance dans l'univers. Si cela réussit pendant quelque temps, c'est le système le plus instable et le plus dangereux, lors même que l'on puise à pleine mains dans les richesses d'immenses colonies comme fait l'Angleterre, qui est forcée souvent de faire des guerres injustes pour soutenir une puissance précaire; car une aristocratie, telle force qu'elle ait par sa marine, sa civilisation et son or, ne peut durer si elle ne perfectionne pas son organisation politique et sociale. Il faut que les progrès scientifiques et politiques marchent d'accord, sans cela il y a divorce éclatant.

Je ne crois pas au droit de la force, et pas beaucoup à la force du droit; je crois qu'une nation n'est vraiment grande et supérieure aux autres que lorsqu'elle a le droit et la force pour elle.

Il est nécessaire de n'avoir qu'un impôt unique, et il me paraît bon de le faire peser seulement sur l'héritage. Loin d'être une spoliation, comme on pourrait le prétendre, les héritiers n'en seront que plus riches, les économes seront moins gênés pour acquérir. C'est une série de services que la nation rendra gratuitement à tous pendant leur vie et dont elle se remboursera après leur mort. L'État fournissant à tous les moyens de s'enrichir, vous protégeant, vous aidant, vous soulageant, ne peut le faire avec rien; il est juste qu'il demande son dû à vos héritiers, après vous avoir fait crédit pendant longtemps. Si beaucoup d'entre nous deviennent riches ou augmentent leur fortune, n'est-il pas juste que cela soit pris sur la masse que vous laissez à votre mort puisque, si vous aviez payé des impôts pendant votre vie, votre fortune serait bien moins considérable.

Cet impôt général, perçu sur l'héritage, mettant l'État sur la même ligne que les héritiers, empêcherait bien des vols, bien des assassinats, bien des convoitises criminelles, bien des malheurs avant ou après le partage des successions.

Cet impôt gênera peu les héritiers qui, la plupart, font un très mauvais usage de la fortune acquise ainsi, c'est-à-dire à peu près sans droit naturel et, comme je le dis d'ailleurs, ils en auront au moins autant puisque les décédés n'ont rien payé pendant leur vie. Seulement pour qu'il en soit ainsi, il faut que cela ne s'établisse pas *illico*, car les morts récents auront payé à l'État pendant leur vie. Le mode d'établissement de l'impôt sur l'héritage devrait être d'une somme égale au vingtième des impôts généraux annuels. On diminuerait donc les impôts généraux d'un vingtième chaque année et on augmenterait d'autant celui perçu sur l'héritage; donc l'opération se ferait sans secousse et sans injustice, mais il faudrait agir résolument et sans reculer. Ainsi, en vingt ans, l'exécution de la loi serait complète et l'impôt unique établi sur la base la plus juste et la plus facile pour la perception. On abolirait alors tous les octrois et tous les impôts directs et indirects, sauf les douanes si, par malheur, on ne pouvait s'entendre avec l'étranger.

Les vivants tiennent peu à leur fortune après leur mort, car les plus avares sont souvent fort généreux dans leurs testaments.

Par ce système, la diffusion des richesses sera bien plus grande, les travailleurs n'ayant plus d'impôts à payer, les économies s'accroîtront facilement, ce jour-là les ouvriers réellement courageux posséderont tous les instruments de travail et on ne parlera plus d'exproprier par force les propriétaires des usines et des ateliers, ce qui serait à la fois injuste, criminel et idiot.

Ce serait injuste et criminel, parce qu'on n'a pas le droit de prendre ce qui ne vous appartient pas, sous le prétexte plus ou moins juste que ce bien est mal acquis, pour donner à d'autres personnes qui n'y ont pas probablement plus de droit, car, à part les véritables travailleurs, un très grand nombre sont des paresseux, ou des imprévoyants, ou des prodigues, qui volontairement ne gagnent pas assez pour vivre ou qui dépensent plus qu'ils ne gagnent. Il y a aussi beaucoup de déclassés, c'est-à-dire de fils ou de petits-fils de gens riches ou aisés, qui ont croqué leur patrimoine et qui crient le plus contre ceux qui l'ont conservé.

Ce serait aussi idiot, car il n'est pas certain que les propriétaires de ces usines, de ces ateliers, se laisseraient exproprier violemment par une minorité ignorante et par cela même incapable de triompher longtemps. Nous aurions donc de toute façon une affreuse guerre civile, et il y a de très grandes probabilités que les exproprieurs deviendraient victimes de leur zèle égalitaire plus ou moins bien raisonné.

En supposant même la réussite de leurs projets, chose peu probable, ils seraient bien embarrassés de leur victoire, car la guerre se mettrait entre eux. Les uns voudraient faire le partage de ce qu'ils auraient conquis, pour ne pas dire volé ; d'autres voudraient s'en servir pour travailler utilement :

la division se ferait selon le caractère ou les habitudes des adhérents.

Je ne suis pas un défenseur de la bourgeoisie ; j'ai toujours haï Thiers, ce petit bourgeois féroce ennemi des républicains, qui osait parler de droit commum, tout en faisant juger ses ennemis vaincus par des conseils de guerre et qui n'a même pas voulu conserver le droit de grâce pour ne pas être forcé d'être juste. Mais je trouve que les ouvriers ne sont pas justes non plus envers les fils de bourgeois qui, comme Barbès, Blanqui, Raspail, Delescluze et tant d'autres, ont apporté au peuple leur dévouement, leur science, leur fortune et leur courage au service des faibles et des opprimés, tandis que des ouvriers comme les Peupin, les Corbon, les Albert, se sont faits bourgeois et sénateurs aussitôt que cela leur a été possible. D'autres fils de bourgeois, pour se faire un piédestal, excitent les ouvriers jusqu'au moment où ils se trouvent en haut de l'échelle ; ils poussent à la guerre des classes. C'est criminel et bien dangereux ; l'accord vaut mille fois mieux, et si après la défaite de leur parti ils ne se sauvent pas, comme plusieurs que je connais, ils seraient les premières victimes. Ils ne reconnaissent pas le suffrage universel et ils désirent la guerre des classes! Ils sont donc une petite minorité de mécontents qui veulent gouverner la France par force à leur fantaisie. C'est complètement criminel et insensé s'ils sont en minorité, et il n'est pas besoin de la force s'ils sont en majorité. Je crois qu'ils n'ont ni la majorité, ni l'intelligence, ni la science, ni l'argent, ni la force : ils veulent donc faire massacrer leurs adhérents.

La meilleure manière de répartir justement la richesse de la France, c'est de faire payer tous les impôts sur les richesses délaissées par les décédés.

Au lieu de la guerre des classes qui n'aboutirait qu'à des catastrophes, quels que soient les vainqueurs, il faut l'union des classes et le partage des bénéfices ; c'est le véritable moyen d'obtenir la propriété pour tous. Si les patrons gagnent encore trop, en mourant ils laisseront davantage à tout le monde ; c'est le meilleur moyen d'égaliser la richesse générale. Le partage des bénéfices, c'est le meilleur moyen d'enrichir tout le monde en les faisant concourir au même but.

La grève est un droit que j'ai proclamé depuis 1848 ; mais ce droit est dangereux, il mène à la guerre civile. Pourquoi les ouvriers des villes et les travailleurs des campagnes ne nommeraient-ils pas des députés qui feraient le bonheur de tous, en forçant les patrons à partager leurs bénéfices avec leurs ouvriers et aux héritiers, à payer à l'État des sommes assez fortes pour diminuer ou abolir les impôts ?

La guerre des classes, ce serait le retour de la barbarie et la ruine de la France, si malheureusement cela venait à exister. Ceux qui invoquent cette guerre fratricide seraient les premières victimes, à moins que par leur lâcheté ils ne se sauvent les premiers, après avoir excité les autres et les avoir mis dans la tourmente, dans le but d'arriver par un moyen quelconque, même par la démocratie, comme ont fait d'abord les Thiers, les Gambetta et autres exploiteurs du peuple qui l'assassinent lorsqu'ils sont les maîtres. Il faut être excessivement sévère contre les misérables de gauche, de droite ou du centre qui provoquent à la guerre civile. On commence toujours à se disputer avant de se battre ; celui qui excite est souvent un lâche et est toujours plus criminel que celui qui se bat.

Il faut que les prolétaires des villes et des campagnes se servent de la science des fils de bourgeois qui viennent à eux et qui ont eu souvent le loisir d'étudier ; mais ils ne doivent pas se laisser entraî-

ner sans réflexion. Avec le suffrage universel uninominal tout ce qui est bon, bien, juste, pourra
arriver, parce que l'on aura la force et le droit. On
possédera les moyens de faire le bien à mesure que
cela semblera nécessaire à la nation et praticable
pour le mettre à exécution.

Le clergé prétend que donner à l'Église c'est
donner aux pauvres. Cela peut avoir eu sa raison
d'être lorsque l'Église partageait avec les pauvres,
et c'est encore un moyen commode de mendier en
ayant l'air de le faire pour d'autres que pour soi.
Mais actuellement l'Église donne-t-elle le dixième de
ce qu'elle reçoit? L'Église est nuisible à la société
parce qu'elle vit à nos dépens, sans rien produire
et que son enseignement est mensonger et mauvais.
Sans elle il y aurait bien moins de pauvres et
d'ignorants, car ce n'est pas instruire le peuple que
d'accaparer l'enseignement pour faire des fanatiques et des idiots. N'est-ce pas être pire qu'un ignorant de croire à notre époque à des fables aussi
grossières que celles que l'Ancien et le Nouveau
Testament nous enseignent, ainsi que les miracles
que l'Église a adoptés comme des vérités? Des
barbares stupides et ignorants ont pu avoir la foi
faute de raisonner ; mais il est indigne et criminel

actuellement d'enseigner de semblables absurdités, et d'ergoter pour les défendre lorsque soi-même on n'y croit pas le plus souvent.

On parle beaucoup des ennemis de la société ; mais son plus grand ennemi c'est l'Église ; elle vit à nos dépens, elle provoque la guerre civile, comme elle a fait lorsque ses prédicateurs excitaient en 1870 et 1871 les populations de province contre Paris, ce dernier rempart de la patrie contre les Prussiens qui, malheureusement, a eu le clérical et peut-être le jésuite Trochu pour gouverneur ; sans cela nous n'aurions certes pas perdu deux provinces et bien plus de cinq milliards.

Il est nécessaire de briser l'Église qui est un État dans l'État et de donner l'air, la liberté et la science aux esclaves qu'elle recrute pour opprimer la société et lui être cent fois plus nuisible qu'utile. Je ne hais pas pour cela les prêtres, je les plains plutôt, quoique la plupart soient des êtres inutiles et nuisibles ; ils ne font pas de service militaire ; ils ne travaillent guère à des choses utiles au pays. Ils n'en sont pas moins malheureux en voyant la liberté et les plaisirs des autres, ce qui les rend envieux et haineux.

Les prêtres se recrutent en général parmi les

fils de paysans dont la mère dévote a eu des bontés pour le curé ou qui, dans son ignorance, a admiré la science de ce perroquet noir qui ose parler au nom d'un Créateur qu'il ne connaît pas, et qui enseigne le plus souvent machinalement ce qu'on lui a appris sans réfléchir si cela est vrai et a le sens commun.

Croyez-vous que ce jeune paysan habitué à l'espace et à la liberté de ses actions et de ses idées soit bien heureux au séminaire ou dans les ordres, et de faire vœu de chasteté? Est-ce que la chair et l'intelligence ne parlent pas? Est-ce que le désir d'aller, de venir, de courir, de jouer, d'aimer, de savoir la vérité par soi-même, de pouvoir dire ce qu'on pense et de penser personnellement, ne le tourmente pas? D'un être intelligent faire une machine! N'y a-t-il pas des révoltes intérieures, des affaissements, des désirs criminels, etc., etc.?

Quant au haut clergé et aux chefs cléricaux laïques, ce sont des fils de famille que l'on a choyés, endoctrinés, que l'on a conquis par tous les moyens, en les flattant, en contentant toutes leurs idées, toutes leurs passions pour en faire des complices et partager leur fortune ou, au moins, en profiter le plus possible. Aussi la plupart, des laïques surtout, deviennent vieux à trente ans, car, au lieu de les retenir, on les pousse au vice tout en ayant l'air de les blâmer doucement.

Je ne parle ici que de l'esclavage ou de la captation des hommes ; pour les femmes c'est bien pire encore. Briser l'Église ce serait rendre un grand service à la société et un bien plus grand encore à la grande majorité des prêtres, des sœurs et de tout ce qui dépend de cette institution surannée et nuisible à la nation. Ce serait aussi repeupler la France et lui donner des mœurs meilleures.

Vouloir un clergé national c'est duperie et sottise d'ambitieux criminels ; cela est incompatible avec la République, car faire des prêtres c'est faire des royalistes.

SOMMAIRES D'UN OUVRAGE

SUR LA BONNE ORGANISATION

DE LA RÉPUBLIQUE FRANÇAISE

Première Partie.

Je me répète plusieurs fois dans ces sommaires, ayant l'intention de traiter la même question sous plusieurs points de vue :

1°. Le dogme de la « nation souveraine » a été mieux démontré que bien pratiqué. Sans cela il n'y aurait pas actuellement d'opposition à la forme du gouvernement républicain qui est le seul dans l'intérêt de tous les citoyens. Avec ce système politique, les majorités oppressives deviennent bien vite des minorités, et sont, dès lors, impuissantes pour faire le mal. J'ai une foi profonde dans l'intelligence des masses, dans le génie d'un peuple libre.

2°. Étude sur la *véritable souveraineté du peuple* et sur la manière dont elle doit s'exercer pour être durable. Jusqu'à présent elle n'a jamais été bien réelle ; il est indispensable qu'elle le devienne pour le bonheur général. Longtemps le suffrage a été restreint ou fraudé ouvertement par les bonapartistes ou les manœuvres des partisans du scrutin de liste, excepté dans la dernière élection des députés et du Conseil municipal de Paris.

3°. Loi consacrant l'*infaillibilité du peuple* ou, du moins, la suprématie de ce système politique sur tous les autres, afin que cela ne soit pas une simple fiction comme jusqu'à présent. Nécessité de perfection pratique sur ce point, attendu que l'opinion d'un peuple libre est éclairée et supérieure à celle des plus grands hommes d'État.

4°. Du suffrage universel par le *scrutin uninominal*, seul moyen juste, légal, rationnel pour représenter réellement le pays lorsque l'élection se fait librement et loyalement et sans aucune passion d'un parti ou d'une faction dominante. Le suffrage doit être sans aucune espèce de restriction. En principe il est injuste de priver certaines personnes de leur droit politique, excepté les détenus dont la liberté effective n'existe plus.

5°. Il est indispensable de faire respecter le suffrage universel et ses élus. Tout gouvernement qui se laisse mépriser, vilipender, est bien peu solide.

C'est le devoir du peuple et de ses représentants de se défendre contre les prétendants et ceux qui conspirent contre la liberté en dépit des clameurs de gens qui sont intéressés à un bouleversement total. La Chambre doit toujours avoir une bonne garde pour empêcher toute manœuvre criminelle contre son indépendance ; elle doit tenir la main à ce que ses débats soient exactement reproduits, et avoir un « bulletin » de ses séances fort répandu, pour que la nation, dans toutes ses classes et catégories, connaisse bien ses actes.

6°. Recherches sur l'origine du funeste *scrutin de liste*; sa raison d'être, lorsque le suffrage était restreint, et les dangers très grands d'employer actuellement ce mode vicieux d'élection, même dans l'organisation des sociétés privées ou publiques, scientifiques, littéraires, artistiques, etc. Ne jamais employer ce mode de votation.

7°. Il est très important d'abolir le *scrutin de liste* pour les élections quelles qu'elles soient : élections communales ou départementales, élections des députés de la nation, et même pour toutes celles qui ne touchent pas à la politique. Comme l'a dit si éloquemment Lamartine : « C'est le scrutin de l'intrigue ! »

8°. Étude sur l'incapacité politique. C'est une injustice de priver les soldats de leurs droits politiques et une absurdité de les mettre sur le même pied que les criminels. Priver même des hommes, alors qu'ils ont purgé leur condamnation, de leurs droits politiques, c'est ouvrir une porte à l'ostracisme. Je ne vois pas de grands inconvénients à permettre aux femmes de voter quand elles sont en âge de majorité. Cette question est à discuter, car cela me paraît juste, mais peut être une cause de trouble dans les ménages.

9°. Le pays doit être défendu par tous ses enfants, sans aucune espèce d'exception, afin de ne laisser aucun prétexte pour faire de passe-droits ; les malades seraient soignés et les infirmes utilisés. Il n'y a aucun motif sérieux pour exempter les prêtres ; il en est de même des professeurs qui ne seraient que plus savants en ayant vu un peu plus le monde et ayant voyagé. On enseigne mieux ce que l'on connaît « de visu » et par expérience.

En temps de paix un an de service actif sera suffisant pour ceux qui ne font pas leur carrière de l'état militaire. Mais pour cela il faut que chaque garçon apprenne le métier des armes, dès l'âge de douze ans. Il serait peut-être bien, lorsque la patrie est en danger, d'exercer aussi les jeunes filles, pour que tout le monde puisse concourir à la défense de la patrie.

10°. Il faut que chacun travaille. Ce sont des parasites qui ruinent le pays. Il y a beaucoup à faire à ce sujet, parce que la création d'une place inutile ou qui n'a qu'une utilité momentanée est si facile, quand on veut placer un ami ou un parent, que les ministres ne s'en privent pas ; aussi le mal s'aggrave de plus en plus jusqu'au moment où il devient intolérable.

11°. Abolition indispensable du cumul des places. Les gens les plus capables ne peuvent remplir convenablement tous les emplois. Par considération pour ces personnages importants, on ne dit rien ; mais on est forcé de créer plusieurs emplois pour les suppléer. C'est donc ruiner l'État pour faire plaisir à quelques intrigants qui mendient plus d'emplois qu'ils ne peuvent en remplir. Quels que soient la science ou même le génie d'un individu, il n'est qu'un fourbe nuisible à la société s'il profite de sa position, de son influence pour accaparer les places dues à d'autres qu'à lui et qu'il ne peut occuper convenablement.

12°. Il faut réorganiser les administrations,

diminuer le nombre des employés partout où c'est possible. Il faut de grandes réformes dans le département de la justice. Il faut qu'il n'y ait pas de cumul des places et que la plupart des emplois soient donnés à l'élection ou, au moins, attribués d'après ce grand principe, car on ne peut imposer à l'autorité exécutive de prendre à son service tous ceux qui ont plu à une petite collection d'électeurs.

13°. Tous les emplois devraient être salariés; rien n'est plus cher que les services gratuits. On n'ose généralement pas contrôler des gens qui travaillent gratuitement pour vous rendre service et, en général, ou ils travaillent mal, ou ils bénéficient d'un autre côté bien au delà de la valeur du temps qu'ils sacrifient.

Lorsque les places sont gratuites, depuis celles des conseillers municipaux jusqu'aux plus élevées, une foule d'hommes très capables ne peuvent les remplir, n'étant pas assez riches pour disposer de leur temps, ni assez déshonnêtes pour trouver des compensations en exploitant leur situation.

14°. Pour que les employés, les mandataires du peuple soient toujours excités à bien faire, il est utile qu'ils aient des jetons de présence.

Les petits emplois et l'exercice des fonctions de

conseillers municipaux mettront en relief les hommes intelligents et leur serviront d'apprentissage pour des places plus élevées.

Cela sera très utile car il y a beaucoup de candidats, mais il est difficile de reconnaître ceux d'entre eux qui offrent des garanties de capacité.

15°. Il faut une Chambre unique, souveraine et permanente; et cependant il est nécessaire de réserver le droit des minorités. On ne doit pas opprimer les faibles : c'est injuste, dangereux et impolitique, car les abus d'autorité que l'on commet vous rejettent bientôt dans la minorité. Il serait bon que les députés, ou représentants du peuple, ne fussent élus que pour trois ans et qu'ils soient toujours révocables lorsque la majorité des électeurs ne serait pas d'accord avec eux. Il faut la réciprocité du droit de démission et de révocation entre le député et la majorité électorale.

16°. Nous avons proposé une Assemblée unique. Il faut qu'il n'y ait pas d'interrègne et alors il est indispensable d'avoir des suppléants, car les députés ne sont pas libres de tout lien avec le collège électoral qui les a élus, et ils ont dans leur contrée des intérêts particuliers dont-il faut nécessairement tenir compte. On ne trouverait peut-être pas toujours des représentants convenables dans les candidats ayant tout leur temps à eux.

17°. Droit des majorités et des minorités. Les premières n'ont pas le droit d'écraser les secondes, ni même de les opprimer ou de les contraindre à l'exil. Opprimer les minorités est absurde et dangereux, car on ne sait pas si on sera toujours de la majorité, et c'est souvent préparer des armes contre soi-même. On ne doit pas violenter un parti, un groupe, ni même un simple individu. Les minorités doivent avoir des droits égaux aux majorités; mais elles ont tort de profiter de leur faiblesse pour être violentes, pour exciter à la guerre civile et abuser au delà de toute limite de la tolérance que l'on a pour leurs colères injustes et impuissantes.

18°. Abolir le Sénat est un devoir. J'ai déjà posé un dilemme indiscutable à ce sujet : si le Sénat est d'accord avec la Chambre des députés il est inutile; s'il est en désunion avec elle il est nuisible et même, en certains cas, dangereux : donc il n'est jamais bon à rien et, par surplus, il est excessivement coûteux. Les inventeurs de notre Constitution, baroque et pleine de pièges, ayant tenu à ce qu'elle soit revisable (ils pensaient que la revision se ferait à leur profit), je suis parfaitement dans le droit constitutionnel le plus strict de discuter ces questions.

19°. Abolition de tous les impôts existants. Cela semble une utopie et cependant rien n'est plus simple en établissant un impôt unique. On me dira : Mais votre impôt unique, s'il nous coûte aussi cher, nous n'y gagnerons rien. D'abord un impôt unique sera bien plus facile à percevoir, et alors il y aura moins de frais. Du reste, je veux le rendre aussi peu gênant que possible.

20°. Par mon système on pourra aussi abolir les douanes et surtout les octrois si nuisibles pour les transactions, par le temps qu'ils font perdre et la détérioration des marchandises. Seulement pour les douanes il ne faut pas être dupe de l'étranger. On a beaucoup plaisanté à propos de la « balance du commerce ». C'est cependant une indication sérieuse de la prospérité ou de la décadence de notre commerce international : les Anglais, qui se connaissent dans cette matière, la font toujours pencher de leur côté. Les douanes sont un moyen comme un autre de percevoir des impôts ; les abolir et conserver les impôts écrasants de l'intérieur, ce serait mettre nos fabricants dans une infériorité très grande sur les marchés étrangers.

21°. Pour remplacer tous les impôts il faut percevoir un impôt unique sur les héritages. Une nouvelle loi est donc à faire, dont l'exécution aurait lieu peu à peu pour ne pas mettre une charge considérable sur les successions de décédés qui auraient déjà peu à peu acquitté ce qu'ils pourraient devoir. La richesse individuelle sera alors bien plus grande et l'impôt sur les successions laissera encore une belle part aux héritiers.

Les fraudes faites sur les héritages, même par les plus proches parents, seraient assimilées aux vols ordinaires et aux vols de confiance et punis d'après le Code.

Les receleurs et complices seraient également poursuivis.

22°. Les impôts sur les héritages devraient être répartis par tiers à la commune, au département et à l'État; de cette manière la distribution des fonds se ferait plus justement que si on donnait tout à la commune, ou au préfet, ou à un ministre; il y aurait moins d'abus et de passe-droit dans l'emploi de ces fonds.

Il n'y aura jamais, ainsi, de communes ou de départements sacrifiés, tandis que d'autres seraient tout à fait privilégiés, et cependant l'État aura le nécessaire pour les travaux d'intérêt général et la défense de la France.

23°. Il faut abolir graduellement, et le plus tôt possible la dette publique. Les peuples ont tort de reconnaître des dettes qu'ils n'ont pas souscrites, et alors les impôts, pour en payer les intérêts, ne sont pas légitimement dus. Il n'y a guère que l'emprunt forcé des cinq milliards qui a sa raison d'être. Le gouvernement qui emprunte ressemble au prodigue ou à tout individu qui, jugeant qu'il ne peut demeurer dans la place dont il s'est emparé, la fait rapporter le plus possible : « Après lui, s'il en reste ».

24°. La plupart des emprunts de l'Etat, des départements, des villes, sous le prétexte d'outillage général ou de grands travaux nécessaires, sont très souvent des trafics illicites entre des banquiers ou des entrepreneurs d'une part, et des hommes d'État sans conscience, de l'autre, qui se sont faufilés dans la politique bien plus pour leur intérêt personnel que pour l'amour de la patrie. On ne devrait pas payer ces rentes illégalement souscrites et en rendre responsables tous les grands trafiquants de la fortune publique.

Nous avons une comptabilité grotesque par sa

complication inutile et on ne surveille pas assez les gens qui disposent des fonds de la nation.

25°. L'éducation et l'instruction nationales doivent être les mêmes pour tous. Il est dangereux de surmener l'intelligence ; ce que l'on gagne d'un côté on le perd de l'autre. Il vaut mieux encore que chacun apprenne le nécessaire et se perfectionne de lui-même, que de faire de ces savants poussés en serre chaude et qui sont plutôt des hommes ayant de la mémoire que de vrais savants. Il est surtout indispensable qu'il n'y ait pas dans les sciences de systèmes orthodoxes et seuls tolérés, car il n'y a pas d'autre guide naturel que l'expérience et le raisonnement.

26°. Pour le bonheur général, il faut égaliser le plus possible toutes les conditions et répartir impartialement toutes les richesses. Il y aurait toujours des gens pour servir les plus capables et des hommes capables pour instruire les uns et donner un salaire aux moins instruits et aux moins intelligents

Ce n'est pas par une nouvelle révolution que l'on y arrivera : nous avons le suffrage universel; c'est à nous de nous en servir pour améliorer le sort du plus grand nombre. Si l'on trouve des idées meilleures que les miennes pour le bonheur de tous, j'en serai charmé.

27°. Depuis 1846, j'ai étudié tous les systèmes socialistes. Je n'en ai trouvé aucun qui m'ait satisfait entièrement, malgré beaucoup de bonnes choses dites par des hommes convaincus et animés de bonnes intentions tels que les fouriéristes, les communistes cabétistes, les partisans de l'organisation du travail de Louis Blanc, les Proudhon, Pierre Leroux, etc., malgré leurs idées un peu confuses.

Il y a tant d'objections contre ces systèmes que l'on ne peut songer à faire table rase de la société, ni, si l'on veut, procéder à la liquidation sociale, pour remplacer ce qui existe par ce qui ne vaut pas autant ou qui est même impossible dans son ensemble : l'expérience, du reste, l'a prouvé.

28°. Actuellement on nous parle, comme d'une chose pratique et prochaine, du collectivisme. Il est évident que ce serait une chose très désirable que chaque ouvrier possède son instrument de travail ; mais de ce qu'une chose est désirable, s'ensuit-il qu'elle soit juste ? Je désire avoir cent mille francs de rente pour faire de grandes choses et beaucoup de bien à mon idée. Cela me donne-t-il le droit de m'emparer d'un capital qui me manque?

Lorsqu'une chose paraît désirable à quelqu'un, c'est à lui de faire tous ses efforts pour l'obtenir honnêtement ; sans cela, on n'est qu'un voleur et un assassin. Il y a une foule d'ouvriers qui n'ont rien parce qu'ils ne veulent pas posséder. A la place de la société je ferais tous mes efforts pour contenter tout le monde, rendre heureux les plus pauvres, mais je ne laisserais pas arracher violemment la fortune de celui qui possède pour qu'elle passe simplement à celui qui ne possède pas. Ce serait tous les jours à recommencer.

Si par collectivisme 'on entend faire répartir le plus possible entre tous la richesse générale, c'est très bien ; cela peut se faire par l'union des classes et par le suffrage universel. Mais si c'est la guerre civile, la guerre des classes, l'expropriation violente, le bouleversement au lieu de l'organisation, le retour en arrière au lieu du progrès, j'y vois un crime, car c'est vouloir le déchirement de la patrie, le déchaînement de tous les malheurs. Ceux qui ne veulent pas s'incliner devant le suffrage universel ne songent qu'à gouverner despotiquement ; alors ce ne sont que des ennemis de la République, des royalistes, des tyrans déguisés en démocrates.

29°. Les journalistes préconisent beaucoup la liberté illimitée et même l'impunité de la presse, (arguant, à tort, de son impuissance comme Émile de Girardin), et, sauf ce pontife de la presse, un grand nombre de journalistes ont été les premières victimes de cette liberté sans restriction, surtout dans les guerres civiles. La liberté, pour être vraiment la liberté, doit toujours être limitée par celle d'autrui : liberté du dessin, de la presse, de la parole, de l'association ou toute autre.

30°. Il est très utile, pour des nations peuplées comme la France, l'Allemagne, l'Angleterre et l'Italie, de pouvoir s'étendre en colonisant sans violence.

Pour cela il faut, autant que possible, ne s'emparer que des contrées peu peuplées, car, en effet, quoique la terre appartienne à tous les habitants du globe, en principe, plus une nation est peuplée, plus elle a généralement de droit sur la terre qu'elle habite.

Ce droit doit être en raison de la population, car là où il y a plus de monde, la terre rapporte par le travail bien plus que par l'action de la nature. Le sol n'a guère de valeur que celle qui s'acquiert par le milieu profitable à tous qui a été créé par une amélioration venant du travail de chacun.

31°. Le droit de vivre pousse souvent les hommes à conquérir des pays peu habités et à chasser les habitants d'un sol qui, par le fait, n'appartient à personne.

Il vaut bien mieux, lorsque c'est possible, en faire l'achat, c'est-à-dire indemniser ses quelques possesseurs pour le tort qu'on leur fait, ce qui ne serait pas un mal si les nations civilisées n'abusaient pas beaucoup trop souvent de la force pour déposséder les rares habitants d'une contrée sauvage.

Lorsque la conquête est le résultat d'un état de guerre non provoqué, elle est à la fois légitime et dangereuse en ce qu'elle crée une possibilité permanente de guerre pour l'avenir.

On a souvent raison de comparer les conquérants à des chefs de voleurs, lorsqu'ils se conduisent de la même manière, mais il faut remarquer que les conquérants sont parfois des défenseurs heureux de la patrie, ou, d'autres fois, les chefs de soldats d'un pays trop peuplé et forcé de s'étendre. La terre doit appartenir à tous et, en définitive, la patrie existe d'autant moins que la population est plus clairsemée. La conquête par colonisation et qui peut déverser l'excès d'une population dans un pays improductif est, alors, un droit naturel, si on emploie le moins possible de violence. Il s'ensuit que, malgré ce que le patriotisme, les théories ou le fanatisme ont pu dire de passionné et même de juste contre certains conquérants qui ont été pires souvent que des chefs de brigands, l'opinion générale ne ratifie pas instinctivement cette réprobation et que, sans s'agenouiller devant la force, elle ne fasse une grande différence entre le chef armé qui conquiert et le chef de voleurs qui pille, quoique le premier commette souvent plus de crimes que le second ; mais, outre la force qu'il a pour lui, certains motifs concourent à l'excuser.

32°. Faut-il abolir la peine de mort ? Je trouve que ce serait complètement insensé pour les assassins. La seule raison que l'on a donnée, c'est que nous n'avons pas le droit de détruire un être vivant. S'il en est ainsi, pourquoi nous nourrissons-nous d'animaux aussi peu nuisibles que les moutons, les canards, les dindons, les oies, etc. On nous objectera qu'ils sont utiles à notre consommation et n'ont pas d'intelligence, mais ils ne sont pas dangereux comme les êtres humains qui se servent de leur intelligence pour le mal. Si nous n'avons pas le droit de détruire la vie humaine, pourquoi un assassin, plus féroce que les fauves, se permet-il de détruire l'existence de son semblable, souvent pour satisfaire ses passions, sa paresse et ses appétits de jouissance. De quel droit fait-il souffrir et mourir un autre et le sacrifie-t-il à son intérêt égoïste? Si nous n'avons pas le droit de supprimer définitivement un tel être malfaisant, où puise-t-il, lui, le droit d'être notre implacable ennemi. Nous n'avons pas plus à le ménager qu'il ne nous ménage; ce n'est plus un homme, mais un animal féroce et c'est rendre service à tous que d'en débarrasser la société.

Œil pour œil, dent pour dent, est la suprême et véritable justice lorsque le crime est sans excuse. L'expérience nous prouve que l'être vivant qui ne peut se défendre est toujours victime. La société doit être bonne pour les bons et mauvaise pour les mauvais, c'est le moyen d'empêcher le mal. Certaines personnes, pour légitimer l'abolition de la peine de mort, disent que le coupable souffrirait davantage d'une reclusion perpétuelle. Mais alors on deviendrait plus barbare que lui en le faisant torturer par des geôliers, en prolongeant ses souffrances : ce n'est être ni logique, ni bon. De plus la punition capitale est un moyen préventif, car la mort fait peur à ceux qui méditent un assassinat ; c'est de plus un moyen radical d'empêcher un être dangereux de faire de nouvelles victimes. Je suis parfaitement de l'avis qu'il faut faire tous ses efforts pour prévenir le mal plutôt que punir; mais la peur de la mort étant un des moyens de prévention, on doit s'en servir après avoir épuisé tous les autres.

53°. On a aboli, en théoric, la peine de mort pour les matières politiques; cela est à la fois insensé et tout à fait jésuitique. Le crime le plus grand est le crime politique qui conduit à la guerre civile et qui cause tant de maux. Pourquoi serait-il moins puni que l'assassinat d'une seule personne? Vous assassinez ou faites massacrer un très grand nombre de personnes dans un but d'intérêt et vous vous partagez les dépouilles de la Nation, et si, criminels au plus haut degré, vous n'étiez pas condamnés aussi sévèrement que les vulgaires assassins, ce serait le comble de l'injustice.

Si nous avions la bonhomie ou plutôt la bêtise de conserver l'abolition de la peine de mort en matière politique, nos ennemis seraient moins naïfs à notre égard. Ne l'ont-ils pas assez prouvé depuis décembre 1851? Il faudrait que nous fussions tout à fait dépourvus d'intelligence pour que nous conservions une loi que nos ennemis enfreignent.

34°. L'état de siège et la guerre sont opposés au droit naturel. En apparence on a toutes sortes de garanties ; mais arrive-t-il la moindre émeute, voilà que tous vos droits disparaissent, comme par un mystérieux maléfice dont la formule est : état de siège. C'est simplement l'abolition de toutes les lois protectrices des citoyens,... et on nomme cela une loi ! C'est le contraire de tout ce qui est justice, c'est la proclamation du droit de la force, du droit de la vengeance, du droit de faire le mal sans contrôle et sans frein. La guerre est quelque chose d'analogue, mais avec cette différence que l'usage de la force est fait contre des étrangers et non plus contre des concitoyens. En 1871, M. Thiers a parlé du droit commun à propos de l'état de siège, comme si ces deux choses ne juraient pas ensemble. Était-ce une impudence ou une sottise? Peut-être les deux !

35°. Je propose l'abolition de la présidence de la République, quoique M. Grévy ait jusqu'à présent bien fait son devoir ; mais la présidence est une institution dangereuse si MM. d'Aumale, Gambetta, etc., y parviennent. La présidence de Louis-Napoléon a été bien funeste pour la France ; elle a démoralisé le pays en faisant voir que par le parjure et le crime on pouvait arriver au faîte du pouvoir, et cela nous a précipités dans un abîme au fond duquel nous avons trouvé la trahison et le malheur. La force a triomphé du droit avec Napoléon III. Les présidences de M. Thiers et du maréchal Mac Mahon ont été aussi bien nuisibles à la nation.

Un président du conseil sans portefeuille peut remplacer un président de la République et l'unité d'action du pouvoir exécutif sera bien plus grande qu'actuellement.

36°. Abolition du clergé parasite par la séparation de l'Église et de l'État et suppression du budget des cultes. Retour du clergé au droit commun en toutes choses. Abolition des biens de main-morte. Par ces réformes radicales on aura de très grandes économies et une plus juste répartition de richesse sociale. Il est indispensable, non seulement dans l'intérêt de la nation française, mais pour celui du monde, de détruire le fanatisme, la superstition et le respect idiot que l'on a pour des gens qui enseignent le mensonge et l'immoralité.

***

Deuxième Partie.

1°. Qu'y a-t-il en dehors du suffrage universel loyal? Il n'y a que despotisme ou fiction dangereuse. Ce qui a été la cause principale de la chute des républiques, c'est que, la plupart du temps, on n'a eu que des simulacres de gouvernement républicain ; on a souvent mis le nom comme titre, mais on n'a presque jamais eu la chose. Tantôt c'étaient des républiques aristocratiques ou plutôt de petites oligarchies, comme à Venise, tantôt des républiques ayant des esclaves, des îlotes, mais toujours avec un suffrage plus ou moins restreint comme à Rome et en Grèce. Chez nous en 1793, la République n'était pas encore organisée et, de plus, il n'y avait pas d'unité d'action et de direction : de là ces déchirements qui ont été les précurseurs sanglants du despotisme de l'Empire.

2°. Il y a des gens qui se disent républicains et qui rejettent le suffrage universel. Je voudrais bien bien savoir au juste quel principe ils invoquent alors pour se qualifier ainsi. S'ils veulent un suffrage restreint ils sont orléanistes ou quelque chose d'analogue ; ils veulent une classe dominante des autres. S'ils ne veulent que d'un suffrage frelaté, d'une comédie électorale, ils sont bonapartistes. S'ils ne veulent pas du tout de suffrage, ils sont royalistes francs ou déguisés en anarchistes ou des autoritaires qui veulent gouverner contre toute raison et tout droit. Je ne trouve pas une grande différence entre un royaliste et un collectiviste anarchiste ; un royaliste fait partie d'une bande ayant un chef connu et un drapeau ; un collectiviste est membre d'une bande ayant un ou plusieurs chefs sans autorité.

Ce sont, en définitive, des minorités qui veulent nous gouverner par la force. La République ne doit pas les laisser s'associer et se coaliser ; elle doit se tenir sur ses gardes de crainte qu'à un moment donné une bande assez puissamment organisée ne vienne à se substituer par la violence à la nation, car ceux qui veulent exercer frauduleusement le suffrage universel ou qui le repoussent sont capables de cette tentative. On ne doit donc pas les ménager.

5°. Le droit électoral est une chose sainte que l'on ne doit pas toucher : c'est un droit naturel appartenant à chaque homme en âge de raison. En priver un citoyen sous quelque prétexte que ce soit (lorsqu'il n'est pas détenu), c'est commettre un abus d'autorité, une injustice. Qui vous dit que celui que vos lois ont condamné n'a pas de revendication à faire, d'abus à signaler? Comment voulez-vous qu'il le fasse si vous le privez de son droit de vote, puisqu'il ne peut plus même alors se présenter dans une réunion électorale. S'il n'y avait encore que cette catégorie de citoyens privée du vote électoral ce serait injuste et maladroit, mais il y a aussi nos ennemis politiques : alors l'injustice et la maladresse deviennent tout à fait criminelles. C'est ce qui arrive nécessairement lorsqu'il y a des exceptions à des lois justes comme le sont celles du suffrage universel et du service militaire pour tous.

4°. J'ai dit que les députés devaient être élus pour trois ans et être révocables; en effet, trois ans c'est assez pour un mandataire. Pour qu'ils représentent véritablement le peuple il faut admettre la révocabilité sans cela, beaucoup de députés se moquent de leurs électeurs ou remplissent mal leur mandat. Le député a le droit de donner sa démission de même que les électeurs doivent avoir le droit de révocation. Sans ces conditions il n'y aurait aucune réciprocité et le député deviendrait un maître. Si on rejette ce système on aura une république feinte gouvernée, non par des représentants de la nation, mais par une collection de tyrans.

Avec le scrutin de liste, la solidarité des députés d'un département s'oppose à ce qu'ils soient révocables. Or, avoir des députés que l'on ne peut révoquer c'est se faire volontairement les esclaves de ses subordonnés.

5°. Il faut absolument que tout le monde administratif soit responsable de ses actes si on veut la justice en politique. L'obéissance passive, l'indépendance, l'irresponsabilité ne doivent plus être tolérées ; il faut faire la guerre à la tyrannie. Si un supérieur vous commande de faire une chose injuste et que vous lui obéissiez, — tant pis pour vous. Le chef doit être puni pour avoir donné l'ordre et vous pour l'avoir exécuté. Les bourreaux eux-mêmes ont le droit de ne pas obéir s'ils croient devoir s'abstenir, quoique leur métier soit d'exécuter la loi dans ce qu'elle a de plus terrible.

L'irresponsabilité c'est le prétexte, le moyen pour commettre les plus grands crimes. Il ne doit y avoir aucune exception : ministres, députés, chefs militaires, juges, employés de toute espèce.

6°. Il est dans l'essence de la nature humaine d'aimer à dominer les autres ; de vouloir se distinguer par la force, la science, le courage, la vertu et même quelquefois le crime. Cet amour-propre est la source d'une émulation utile lorsque la société sait bien le diriger. Le grand abus de la noblesse, c'est l'hérédité. Transmettre son héritage matériel, c'est souvent juste; mais transmettre un titre, c'est un vol fait à la société. En effet, si ce titre nobiliaire est une récompense, celle-ci ne peut être que personnelle et on ne doit pas courir la chance que, gagnée par le courage, elle soit transmise à un lâche; que, obtenue par une œuvre de génie, elle profite à un idiot; que, méritée par un acte d'humanité, elle anoblisse un être cruel. De plus si on crée trop de nobles le titre n'a plus de valeur, et alors la société ne peut récompenser les hommes utiles par le don d'un titre ou d'une décoration. Enfin cela est cause d'une foule de fraudes. Lorsqu'on en est arrivé à ce point, il ne faut pas détruire la noblesse, on se ferait trop d'ennemis; mais il est plus habile de permettre à tout le monde de se faire et dire noble.

Il faut employer tous les mobiles honnêtes d'activité pour tourner les citoyens vers le bien. Les hommes ayant l'amour des hochets, des décorations, des titres, il faut leur en donner en raison des services rendus, mais que cela ne puisse être transmis par voie d'héritage puisque, ainsi que nous venons de le dire, ce serait injuste et cela ôterait à l'État une force en restreignant ses moyens de récompenser de nouveaux mérites. On pourra dire que je ne suis pas partisan de l'égalité : c'est une erreur. Je veux l'égalité devant la loi, l'égalité dans la répartition de la richesse publique, l'égalité comme naissance, mais récompenser celui qui travaille n'est pas injuste. Sans ces mobiles, l'orgueil et l'intérêt, nous ne ferions rien en général.

7°. Nous avons dit que les emplois doivent être donnés en partie à l'élection : il doit en être de même dans l'armée et la magistrature. Je crois qu'il serait bien d'élire trois candidats et de laisser le Pouvoir exécutif choisir entre eux. Il est probable que le suffrage saura désigner les plus capables, et alors le gouvernement sera bien renseigné et sûr d'avoir de bons employés.

8°. Ce serait une excellente chose de chercher l'origine de la fortune des gens qui ont eu des emplois, car il est scandaleux que des misérables qui dépensent plus que leurs appointements aient des millions après peu de temps passé à la tête des affaires publiques. Il serait très utile aussi de rendre tous ces gens-là responsables de leurs bévues ou de celles qu'ils laissent commettre. Quant aux employés inférieurs, on les attache à leur fonction par une retraite. C'est un système qui a un côté bon, mais un autre bien mauvais. Cela apprend à un homme à ne pas savoir se gouverner, et les employés supérieurs n'osent pas déplacer leurs subordonnés dans la crainte de leur faire perdre leur retraite ; ils préfèrent prendre un plus grand nombre d'employés, pour que le travail se fasse, et c'est le public qui paye. De plus ces employés forment une espèce de classe à part, de caste, et se vengent sur le public de leur esclavage, et cependant ils travaillent bien peu, car ils sont presque toujours invisibles.

Je crois être certain que si on mettait tous les employés de l'État à demi-solde et qu'on proposât aux enchères les travaux qu'ils font en les groupant par lots pour que tout le monde pût concourir, la besogne se ferait vite, mieux et on y économiserait encore.

9°. De même qu'une nation n'a pas le droit de se donner un maître, n'y eût-il qu'un opposant, qu'elle n'a pas le droit de fonder une monarchie héréditaire, puisqu'il n'appartient pas à une génération d'engager, sans commettre un crime de lèse-humanité, les générations futures ; de même dans l'ordre économique, sauf le cas de force majeure, une nation ne doit pas emprunter dès qu'un seul citoyen se refuse à payer et s'oppose à la création de nouveaux créanciers. Elle doit encore moins faire des rentes perpétuelles qui pèsent sur ceux qui n'ont pas profité de la dépense.

10°. Il ne faut pas d'emprunt. En effet pourquoi l'État, les départements, les villes, les communes, n'agiraient-ils pas comme les individus qui, eux, amassent et ne dépensent que lorsque cela est nécessaire. Ne vaut-il pas mieux économiser que d'emprunter? Croyez-vous que les entrepreneurs de travaux ne vous font pas payer bien plus cher par là même que vous ne payez jamais comptant. Au lieu de devoir à tous, chaque ville, chaque commune, chaque contrée devrait avoir un trésor en réserve pour pouvoir combattre l'étranger, ou diminuer les impôts, ou faire faire des travaux utiles.

11°. J'ai indiqué plusieurs moyens pour que la nation soit plus riche et que chacun soit plus heureux. Le partage des bénéfices entre les patrons et les ouvriers enrichira les uns et les autres, et si ce partage est inégal, les héritages corrigeront l'inégalité. Il faut encourager le progrès et tout ce qui peut augmenter la richesse générale. Il ne faut pas seulement élever des statues aux morts et aux inventeurs, mais il faut aider les vivants qui travaillent et qui cherchent, et l'aide la meilleure, c'est de ne pas donner toutes les places aux uns et pas à d'autres qui pourraient rendre de plus grands services ; c'est de ne plus prélever d'impôts sur le travail et de ne pas faire des brevets d'invention une source de revenus. C'est enfin de ne pas sacrifier celui-ci à la gloire de celui-là et de soutenir les faibles bien plus que récompenser ceux qui n'ont plus besoin de stimulant comme on le fait trop souvent à la Société d'encouragement. Dans cette société on propose d'élever des statues à ceux que l'on a laissés mourir misérables : c'est une cruelle ironie. On y donne des prix aux inventeurs qui ont su trouver des commanditaires et qui ont fait fortune, et on distribue quelques aumônes pour ne pas trop faire crier. « *Væ Victis !* » voilà l'encouragement que l'on donne à l'inventeur malheureux.

Un académicien éloquent, riche, heureux, qui cumule les places de dix autres savants depuis trente ou quarante ans, M. J.-B. Dumas vient nous dire : Peu importe que l'inventeur souffre de la misère, qu'il succombe même à la tâche, la postérité ne veut reconnaître que les découvertes et leurs conséquences. Cela veut dire qu'il faut laisser mourir de faim les bienfaiteurs de l'humanité, leurs femmes, leurs enfants, puis leur élever des statues après leur mort. Moins de belles phrases et plus de cœur ; moins d'émotion calculée et plus de désintéressement ferait mieux l'affaire des inventeurs.

Il faut toujours penser au progrès, car l'augmentation générale de la richesse donnera plus de chance à chacun d'en avoir sa part malgré les inégalités qu'il faut faire disparaître le plus possible ; mais que l'on ne détruise plus que les plantes parasites qui tous les jours renaissent dans un champ mal soigné.

C'est aux hommes de bonne volonté de combattre le mal, non pas par de brillants discours académiques, mais par une étude profonde des causes de ce mal et l'indication des moyens d'y remédier.

12°. La question du libre-échange est une question très importante. Il est évident que si un trafic sans entraves existai tentre tous les peuples, nous serions tous plus riches et plus heureux, pourvu que cela ne s'établisse pas subitement et que les industries agricoles et manufacturières aient le temps de s'équilibrer suivant la nature du sol et le génie et l'activité des habitants.

Ce libre-échange perdrait tous ses avantages si de nombreux impôts écrasaient les producteurs et les consommateurs. Si donc on en est partisan, on doit commencer par supprimer les octrois qui sont les entraves les plus sérieuses et les plus gênantes pour le commerce.

Le commerce intérieur est cent fois plus important que celui qui se fait avec l'Étranger ; les octrois sont donc plus nuisibles que les douanes, font perdre plus de temps et causent plus de détérioration de marchandises.

Le libre-échange avec l'Étranger ne peut être établi qu'à la condition de réciprocité.

Les douanes pour le commerce extérieur sont aussi une source de revenus que l'on peut supprimer tout de suite. Mais si l'on compense cette suppression par d'autres impôts, cela ne peut être alors que pour favoriser les intérêts de quelques spéculateurs puissants et accroître leurs importations et leurs exportations ; mais cela n'augmentera pas le commerce extérieur, puisque le prix moyen des marchandises ne sera pas en général diminué. Si l'on veut faire beaucoup de commerce sur les marchés étrangers il faut : 1° fournir des marchandises de bonne qualité ; 2° obtenir la main-d'œuvre à bas prix en ne mettant à la charge des ouvriers que peu ou pas d'impôts.

Faire beaucoup de commerce avec l'étranger au prix d'une réduction du salaire des ouvriers serait sacrifier le commerce intérieur bien plus important et commettre une très mauvaise action.

13°. Le système qui consiste à produire des marchandises bon marché par l'abaissement des salaires est très préjudiciable, parce qu'alors on fabrique de mauvais produits et que les ouvriers habiles émigrent, attendu qu'ils trouvent des travaux plus avantageux ailleurs. Le marché intérieur s'en ressent et la coalition des fabricants qui veulent trop gagner se retourne contre eux.

Les grèves sont un droit à la fois nécessaire et dangereux pour les ouvriers ; l'accord, s'il est possible, vaut toujours mieux, de même que la paix vaut mieux que la guerre, lorsque celle-ci peut être évitée :

14°. Beaucoup de personnes disent que « faire et défaire c'est travailler ; que détruire quelque chose, c'est créer du travail ; que les incendies ne sont pas une ruine lorsque les gens sont assurés ; que les budgétivores ne font rien perdre parce que tout l'argent qu'ils accaparent reste au pays. » Il faut réagir énergiquement contre ces hérésies économiques. Faire et défaire c'est se ruiner. Si au lieu de démolir une maison pour la refaire et de payer la démolition et la reconstruction, on emploie son argent à faire élever un second immeuble, on possédera deux maisons au lieu d'en avoir une, on aura épargné la dépense de la démolition et on sera bien plus riche. Si on regorge d'argent, que l'on donne aux pauvres ce dont on ne se soucie plus et on fera des heureux sans plus de dépense.

Détruire quelque chose n'est pas créer du travail, car celui qui possède, au lieu de dépenser de l'argent à reconstituer la chose, le dépense d'une autre façon. Il en est de même des incendies et de la guerre. Les dégâts que l'on paye sont une perte pour tout le monde. Les dépenses de la liste civile ne produisent rien et sont une charge commune. Ces capitaux utilisés dans l'industrie ou l'agriculture doubleraient, tripleraient la richesse, tandis qu'ils sont gaspillés et que très peu de personnes en tirent quelques épaves (les fournisseurs, etc.).

15°. Pour que la justice ne soit pas une chimère, il faut qu'elle soit gratuite pour tous ceux qui n'ont pas le moyen de la payer. Il faut que les arrêts soient rendus assez promptement pour que le plaideur ne meure pas de faim à attendre le jugement qui, s'il est vraiment dans son droit, lui restitue son bien.

Les frais de justice sont aussi beaucoup trop élevés et il y a ici, comme dans toutes les administrations, une foule de parasites et de rouages inutiles qui compliquent tout et font non seulement dévier de la ligne droite la justice, mais qui, encore, coûtent horriblement cher.

16°. Il ne faut jamais être juge dans sa propre cause. C'est pourquoi être jugé par ses pairs c'est l'être par des complices ou des camarades. Il est bien rare que des juges condamnent d'autres juges ou que des conseils de guerre condamnent des coupables qui portent la grosse épaulette.

Ce qui est bien pire encore c'est quand les conseils de guerre sont les juges de leurs adversaires ou de leurs ennemis. Alors autant ils sont indulgents pour les crimes de leurs collègues, autant ils sont féroces pour leurs ennemis, leurs ennemis politiques surtout. Il en est de même lorsqu'un accusé insulte le tribunal ou seulement un juge. D'après la justice naturelle ce tribunal devrait être

incompétent; c'est déjà bien peu juste de faire ven
ger ses injures par des collègues sans que, encore,
on se permette de juger soi-même sous le coup de
la colère et que, le plus souvent, on abuse de sa
puissance judiciaire.

17°. J'ajouterai à ce que j'ai déjà dit du service
militaire et du danger des exemptions, quelles
qu'elles soient, que les fils aînés de femmes veuves
sont généralement plus à la charge de leurs
mères qu'ils n'en sont les soutiens. En cas de
grande misère on pourrait plutôt les aider autrement. L'exemption des prêtres est un mal et un
danger : il y a déjà assez de lâches qui ne veulent
pas défendre leur pays et il y a trop de fanatiques
et d'idiots pour abrutir la nation; il n'y a donc
pas à donner des encouragements à une classe
aussi nuisible de parasites. Les malades eux-mêmes
ne doivent pas être exemptés en général, car beaucoup seraient mieux soignés dans les hôpitaux militaires que chez leurs parents. Quant aux infirmes, ils
pourraient être très utiles comme ouvriers militaires ou pour faire le service des places et pro-
créeraient moins d'être chétifs, souffrants et malheureux comme eux.

18°. Je crois que la médecine devrait être exercée

librement par tout le monde avec le grand principe de la responsabilité. Au lieu d'avoir des médecins qui le sont parce que cela a plu à leurs parents et qui ont hâte de finir des études qui leur déplaisent, on aurait des hommes sérieux comprenant bien la gravité de leur fonction et étudiant sans cesse par amour de la science, du devoir et du sentiment de leur responsabilité.

La plupart des médecins actuels n'aiment pas un métier qu'ils font par nécessité et ont plus de prétentions que de science, parce qu'ils ont assez de mémoire pour parler comme des perroquets et qu'ils possèdent autant d'aplomb que les avocats. La loi leur a confié beaucoup trop légèrement la vie humaine sans aucune responsabilité. Aussi que de gens sont tués ou deviennent infirmes par l'ignorance de ces faux savants !

Certes il y a des médecins très honnêtes, très bons, très capables et très instruits, mais je crois qu'il y en aurait beaucoup plus si l'exercice de la médecine était libre, pourvu que les médecins soient responsables de leurs actes. Combien voyons-nous de rebouteurs, même à Paris, bien plus capables que les médecins pour remettre à leur place toutes les parties du corps déplacées ou tordues, principalement les membres luxés, les foulures, les entorses, etc. !

19°. Le haut clergé et souvent, même, le bas clergé ne paraissent pas croire réellement à la religion qu'ils enseignent, car ils ne prêchent qu'en paroles et non en exemples. Dire aux gens : « Faites ce que je vous conseille et ne faites pas ce que je fais », c'est prouver contre soi-même. Si la plupart des prêtres avaient réellement la foi, est-ce qu'ils ne seraient pas en majorité chastes, humbles, doux, généreux, travailleurs, mais jamais gourmands et envieux? Mais il n'en est pas ainsi, et, lorsqu'ils osent parler au nom du Créateur, c'est à croire que le plus grand nombre ne croient pas en Dieu, puisqu'ils violent les lois qu'ils lui attribuent. Ils exploitent donc l'idée religieuse comme n'importe qui exploite n'importe quelle idée commerciale ou industrielle, et cela dans un même but : le profit !

20°. Les rapports qui doivent exister entre le gouvernement des sociétés et le théisme sont indiqués par cette seule remarque : Si la société comptait sur la divinité pour établir la justice sur la terre, il y aurait, comme résultat, beaucoup plus de crimes commis. En effet, comme nous venons de le dire, la croyance en Dieu ne peut même pas exister, solide et fondée, même chez la plupart des prêtres. Comment pourrait-on espérer alors que cette croyance, plus faible encore chez les autres hommes, puisse les retenir sur la pente du crime? Il est donc indispensable que les législateurs agissent dans la création des lois comme s'il n'y avait d'autre justice suprême, sur laquelle on puisse compter pour le châtiment des crimes, que celle instituée par la société pour se défendre.

21°. La décentralisation du gouvernement et l'autonomie des communes ne sont que des prétextes que les partis invoquent à tour de rôle pour combattre leurs adversaires, quittes à les rejeter au besoin. Ainsi la *décentralisation* a été une arme de tous les partis contre l'Empire et la réaction n'en voulait plus dès qu'elle triomphait. L'autonomie des communes a été acceptée par beaucoup de républicains radicaux : est-ce dans le but que M. Floquet devienne maire de Paris ? Mais je demanderai aux Parisiens qu'est-ce que cela peut leur faire, soit peu, soit beaucoup, qu'un homme soit maire de Paris ou préfet du département de la Seine. N'est-ce pas « blanc bonnet ou bonnet blanc » ?

Si M. le préfet devient le citoyen maire de Paris, nous ne serons pas plus riches, plus libres, plus heureux et moins exposés aux attaques des assassins; il n'y aurait en plus qu'un petit roi de la Capitale. Le despotisme communal est pire que le despotisme de l'État. Est-ce un progrès, cela?

22°. On n'est pas assez sévère contre les employés qui se font donner ou qui acceptent des remises des fournisseurs de l'État. Que des gens indépendants profitent des occasions qu'ils trouvent de mettre en rapport les vendeurs et les acheteurs, rien n'est plus juste et plus naturel; mais que des employés de l'État, ou des personnes en relation avec le Pouvoir, profitent de leur position pour spéculer, cela est tout à fait illicite. Ce qui est de droit pour le placier ou le commerçant indépendant, devient abus de confiance et vol pour l'employé qui doit prendre l'intérêt de l'État ou de celui qui l'emploie.

23° Il est évident que le vol de 5 francs peut être plus préjudiciable à un pauvre diable que celui de 50 000 francs à un puissant banquier. On pourrait en conclure qu'il faut punir le vol, non en raison de son importance, mais en raison des circonstances dans lesquelles le méfait s'est produit.

Cela est vrai à un certain point de vue; mais est-ce que le voleur ne profite pas bien plus dans une circonstance que dans l'autre? Est-ce que les occasions de voler 5 francs ne sont pas dix mille fois plus nombreuses que celles d'en voler 50 000 ? Donc je crois qu'il est nécessaire, sans que les riches soient protégés spécialement, de punir davantage les gros voleurs que les petits. On craint de protéger plus les riches que les pauvres et, logique singulière, on punit moins les grandes escroqueries que les petits larcins. On devrait faire rendre aux voleurs, par le travail, ce qu'ils ont pris : cela empêcherait un coquin heureux de cacher le produit de son vol et de vivre de ses rentes ensuite, ce qui est le triomphe du criminel.

24°. Il est indispensable de combattre sans relâche les abus et les crimes, car les êtres nuisibles et les criminels ne se lassent jamais de malfaire; il est donc imposé d'être toujours en lutte contre le vice. Si l'on s'arrête, on ressemble au cultivateur qui laisse envahir son champ par les mauvaises herbes; ses terres produisent bien moins et il a ensuite bien plus de mal pour les remettre dans leur état normal.

25°. Il ne faut pas davantage se lasser d'une marche scientifique et industrielle vers le Bien et l'Utile, car les conditions de l'existence changent tous les jours. Si l'on ne progresse pas on retourne en arrière, c'est-à-dire vers la barbarie. Il faut sans cesse aller en avant pour ne pas se laisser conduire à la décadence et à la misère qui en est la suite.

26°. Il est facile de détruire la prostitution officielle et de supprimer les maladies secrètes. Voici ce qu'il faudrait faire : au lieu d'avoir des maisons de prostitution autorisées ou des femmes soumises à la police, il serait facile de laisser une entière liberté, mais avec la responsabilité personnelle. Ainsi on pourrait même, sans faire de loi spéciale, assimiler la contagion, communiquée en connaissance de cause, aux coups, blessures et dommages, et condamner le coupable à la prison, à la guérison forcée dans un hôpital, et à des dommages-intérêts envers sa ou ses victimes, qu'il s'agisse d'un homme ou d'une femme.

Je suis certain que par ce système la propagation du mal vénérien serait beaucoup moins grande que par le mode actuel qui a de plus le tort grave d'être un système despotique, absurde et inefficace.

Il y a d'autres maladies qui peuvent se communiquer par le contact et même par l'air. Ceux qui sont atteints devraient d'eux-même demander qu'on ne vienne pas les voir. S'ils agissaient autrement, et que cela soit cause de contagion bien constatée, on pourrait les rendre responsables.

27°. On se plaint de la dépopulation : on devrait alors rétablir les tours. Les enfants naturels ou fruits d'amours illégitimes donnent presque toujours une génération plus puissante que les enfants nés des conventions sociales. Il est nécessaire de rétablir les tours pour empêcher les avortements qui détruisent souvent la santé d'une femme féconde et qui pourrait être utile au pays par sa fécondité. Les tours empêcheraient aussi les infanticides qui, lors même qu'ils ne sont pas découverts, jettent une femme dans la vie abjecte, l'immoralité, le dévergondage et en font ensuite la compagne et la complice des criminels les plus féroces.

28°. Les réformes sont impossibles même par la volonté la plus énergique du despote le plus absolu, car celles qu'il obtient d'un côté sont détruites de l'autre par tous les flatteurs, les courtisans qui l'entourent et qui ne le font que pour avoir leur part du gâteau royal ou impérial. Comment un despote pourrait-il refuser quelque chose à ses amis, à ses admirateurs, et de leur donner un peu de ce qui ne lui coûte rien ?

Si c'est un ministère républicain ou un ministère

de monarchie constitutionnelle qui veut faire des réformes, tous ceux qui sont ses ennemis se réunissent à ceux qui profitent des abus, et naturellement il est vite renversé. Un ministère, surtout en république, ne doit pas avoir de programme et de volonté personnelle, s'il veut vivre longtemps. Il pourra faire de très grandes réformes en suivant la volonté de la Chambre sans excès de zèle et sans tiédeur.

29°. Les associations d'ouvriers, d'une part, et celles des patrons de l'autre, ne me paraissent pas une très bonne chose pour la paix publique et le bonheur de tous. En effet on commence par diviser des intérêts qui doivent être communs ; on s'excite les uns contre les autres et on finit par se ruiner réciproquement par des grèves également funestes aux deux partis ; enfin cela peut être un commencement de guerre sociale, généralement les disputes conduisent à la bataille.

Mais après que l'on s'est bien battu personne n'en est plus riche ; chacun est plus pauvre qu'avant, surtout les éclopés et les vaincus. La Commune avec toutes ses forces n'a pu vaincre un gouvernement mal organisé, et des gens poussent les ouvriers sans armes, sans organisation à une révolte impuissante. Est-ce folie ou manœuvre d'agents provocateurs?

30°. Les cercles catholiques et même toutes les sociétés privées ne devraient jamais avoir la permission de se centraliser, car on ne doit jamais faire d'État dans l'État. Si vous êtes la majorité du pays, agissez suivant les vœux du pays ; si vous n'êtes pas la majorité, que vous soyez clérical ou collectiviste, de quel droit voulez-vous vous imposer à lui? Vouloir imposer sa volonté sans avoir la majorité, c'est être une minorité criminelle.

31°. Il y a longtemps que j'aisignalé les dangers d'incendie des grands théâtres et des expositions universelles. Pourquoi entasser tant de monde dans des endroits où le feu peut si facilement se propager et où on manque de la plus vulgaire précaution en éclairant avec le gaz hydrogène si dangereux, surtout lorsqu'il se mélange à l'air ? Pourquoi mettre, comme on dit, « tous ses œufs dans le même panier » comme on le fait dans des bibliothèques d'un million de volumes que l'on ne peut même cataloguer et qui sont la proie des Libri et de tant d'autres voleurs érudits !

Pourquoi tant de richesses entassées dans des musées comme celui du Louvre, et pourquoi ne pas disséminer les objets d'art et de science pour les rendre utiles à tous?

L'incendie des grandes bibliothèques, comme celle d'Alexandrie, l'incendie des expositions universelles, comme celle de Sydney, ne doivent-ils pas nous mettre sur nos gardes? Les gens spéciaux ont déjà bien du mal à comprendre les expositions fractionnaires; pourquoi faire des expositions universelles? Cela ne peut être que dans un but de gloriole, car l'utilité est plus faible que la dépense, tandis que les expositions spéciales sont très utiles pour le progrès et n'offrent pas de dangers d'incendie à beaucoup près aussi grands, même relativement.

52°. Il ne faut en République ni maîtres, ni esclaves, ni parasites, ni gens salariés indéfiniment, ni châteaux ni cabanes, non que je sois ennemi du luxe et de la richesse, mais parce que cela doit profiter à tous. Les châteaux de l'Etat doivent être à tout le monde, et l'on devrait y recevoir tout le monde, L'art par tous grandirait pour tous dans les hôtels de ville, dans les lieux de réunion pour les discussions scientifiques et politiques, dans les écoles, les bibliothèques, les musées d'art, de science, d'industrie, les abris des ouvriers qui attendent du travail, etc., etc.

55°. Chaque parti adopte l'idée qui lui paraît bonne, et l'on est entaché d'hérésie si on n'en est pas partisan, quelque fausse qu'elle soit. Ainsi les cléricaux ont adopté le cliché de la liberté des pères de famille et de « l'école sans Dieu », comme si on avait consulté la liberté de ces pères de famille lorsqu'on les a faits catholiques, et comme si Dieu, cet être si puissant d'après les idées adoptées, avait besoin d'être défendu par l'insecte appelé homme.

Dans le parti républicain on est presque aussi exclusif. Il fut un temps où le scrutin de liste passait pour une tradition républicaine et on ne peut être actuellement bon citoyen si on n'admet pas l'abolition de la peine de mort qui a cependant tant d'inconvénients et que jamais nos ennemis politiques ne consentiront, ce qui fait de nous des dupes et des imbéciles.

Enfin l'autonomie communale est une nouvelle mode. On ne dira pas que cela est une tradition républicaine, car je vois encore une pièce authentique de 95 sur laquelle il y a :

Unité, indivisibilité de la République.

11

Liberté, Égalité, Fraternité ou la Mort.

Nos ancêtres républicains n'étaient pas fédéralistes, eux, ni partisans de la décentralisation.

Sans être aussi exclusif qu'eux, je partage assez leur opinion : l'autonomie des communes serait la ruine de la France et par la guerre civile et l'affaiblissement devant l'étranger pourrait amener le partage de notre patrie.

34°. On nous parle beaucoup en ce moment d'un « parti ouvrier », d'un quatrième état qui existe et qui est puissant. Ce parti me semble une invention de toqués et d'ambitieux qui veulent s'élever sur les épaules des travailleurs. On ne crée pas un parti ; il se fait de lui-même. Un parti n'a pas besoin d'être fabriqué pour plaire à quelques intrigants ; il existe ou il n'existe pas. Un quatrième état n'a pas de raison d'être avec le suffrage universel, puisque tout le monde a des droits égaux. Certes le plus pauvre, le plus malheureux a une position bien différente de celui qui est en haut de l'échelle sociale, mais où est la ligne de démarcation qui distingue l'homme du quatrième état de celui du troisième ? Vouloir tracer une ligne de démarcation c'est vouloir faire des ilotes, des salariés, des malheureux, des pauvres trop chargés de famille ou

trop peu économes pour sortir de leur position.
C'est mettre toute la force de la société en regard
de quelques misérables n'ayant ni argent, ni science,
ni force au nom desquels des intrigants insultent
et menacent impudemment la société.

Au lieu de vouloir un quatrième état, il faut
chercher à égaliser pacifiquement autant que possible toutes les classes de la société; mais menacer
lorsqu'on a la minorité (puisque l'on rejette le
suffrage universel) et surtout lorsqu'on n'a ni la
science, ni l'intelligence qui en découle, ni la force
(puisque l'on rejette le nombre) c'est tout à fait
pousser les malheureux dans l'abîme au lieu de
les aider à sortir de leur misérable position.

35°. Il existe un parti qui n'est guère plus intelligent, mais qui est plus dangereux; c'est le parti
républicain autoritaire qui, en ce moment, fait une
campagne effrénée pour le scrutin de liste, ce mode
de vote qui donnerait tout le pouvoir à un homme
qui fut républicain, tant qu'il n'était rien, mais
qui, ayant goûté de la dictature dont il a si mal
usé, voudrait revenir au pouvoir. Ce parti est dangereux et il souffle le chaud et le froid. Ainsi
presque toutes les semaines on fait, dans le supplé-
ment de la *République française*, des carica-

tures sur le clergé, et cependant M. Gambetta ne veut pas de la séparation de l'Église et de l'État. D'un côté on pousse les ouvriers de Montceau-les-Mines à détruire les croix et les édifices du culte, et, de l'autre, on intrigue pour la condamnation de ces pauvres ouvriers que l'on a poussés à des actes insignifiants, mais sévèrement punis par le Code.

36°. On écrit sur les monuments : « Liberté, Égalité, Fraternité »; cela est très bien. Mais il ne suffit pas d'écrire cette devise : il serait bien mieux d'avoir la Justice. Cependant ce n'est pas un mal de voir partout ces mots inscrits comme l'idéal que nous devons poursuivre. Malheureusement chacun interprète à son point de vue ces mots magiques, je vais essayer d'en fixer la véritable signification.

Pour moi la *liberté* c'est de faire tout ce qui peut vous convenir, tant que cela ne nuit pas à autrui. Être partisan de l'*égalité* consiste à faire tous ses efforts pour égaliser le sort de tous par les moyens les plus doux, qui sont aussi les plus efficaces, et surtout pour que l'égalité devant la loi et devant les juges ne soit pas une chimère.

La *fraternité* consiste à faire aux autres le bien que vous voudriez que l'on vous fît si vous étiez dans la détresse. Elle consiste à employer la force, au besoin, pour empêcher autant que possible l'oppression de celui qui est faible par celui qui est fort; elle consiste aussi à risquer sa vie pour sauver celle de son semblable.

57°. L'État, les communes, les villes pourraient très bien forcer les sociétés houillères, les compagnies de chemins de fer, d'omnibus, les sociétés pour l'exploitation du gaz ou des eaux et toutes les autres sociétés qui ont un monopole à donner une part de bénéfice aux ouvriers. Je crois que ce serait faire du bon socialisme cela, car il est très juste que là où il y a de grands profits réalisés, ceux qui les ont produits par leur collaboration en aient leur part. On pourrait craindre que ce partage ne ruine les compagnies : c'est une très grave erreur. Rien n'est prospère comme les établissements où les bénéfices sont partagés avec les ouvriers ou les commis. On devrait faire une loi pour forcer même les particuliers à partager les bénéfices de leurs maisons avec les personnes qu'ils emploient.

Ils crieraient d'abord, par suite de l'égoïsme inné chez beaucoup d'hommes, mais ils béniraient ensuite cette loi qui augmenterait leurs richesses, tous les travailleurs d'un établissement concourant au même but.

J'ajoute, pour terminer, que toutes les réformes que je propose devraient être entreprises carrément et poursuivies avec persévérance. Pour ne faire le malheur de personne, ne ruiner, ne spolier. qui que ce soit, il faudrait une période de transition et on arriverait bientôt à des résultats qui profiteraient à tout le monde. Il faudra toujours en venir là, quand on voudra sérieusement le bonheur du pays. Autant et mieux vaut donc se mettre à l'œuvre sans retard.

QUELQUES BONNES IDÉES

USUELLES OU NOUVELLES

L'autonomie communale serait le rétablissement de la féodalité.

Le despotisme communal est bien plus pesant que le despotisme central.

Le parti ouvrier, *l'autonomie communale*, mots qui servent de tremplin à quelques intrigants pour s'élever.

Les loteries faites dans le meilleur but sont toujours des filouteries, puisque l'on ne donne jamais le cinquième de la valeur déboursée : on devrait les défendre.

L'abolition du Concordat, l'autorisation du divorce et autres réformes utiles ne pourront avoir lieu que si on abolit le Sénat.

Ceux qui poussent les ouvriers à la guerre des classes sont des fous qui pourraient les entraîner à leur malheur. La Commune de Paris avec toutes ses forces a péri après avoir cependant été provoquée, ce qui rendit sa cause juste.

Les anarchistes révolutionnaires qui ne veulent pas admettre le suffrage universel et alors qui veulent gouverner la majorité par la force sont des insensés.

Les gens qui poussent à la guerre civile sont des criminels pires que ceux qu'ils entraînent.

Toujours chercher à faire le bien, le bon, le juste et l'utile et ne pas se rebuter de combattre le mal.

L'unité et l'indivisibilité de la République sont préférables à l'autonomie des communes.

En 1795, les tricoteuses ont été les victimes de la réaction des parasites.

En juin 1848, c'était encore un crime d'être un travailleur; en mars 1871, c'était un crime d'être patriote et ouvrier.

On pourrait éclairer gratuitement nos côtes par le mouvement des vagues appliqué à l'électricité : cela empêcherait bien des naufrages.

Marcher vers l'avenir, mais prendre dans le passé et le présent ce qu'ils ont de bon.

L'État ne doit pas racheter les chemins de fer; il exploite toujours mal et à grands frais.

Lorsque la nourriture des soldats est insuffisante, cela peut ruiner la constitution de ceux qui ont un grand appétit et souvent, alors, les plus solides. Il faut y veiller lorsqu'on a des hommes de cette nature.

Les remises faites aux chefs militaires doivent être considérées comme des vols de confiance et les fournisseurs doivent être poursuivis comme complices.

La réforme de la Constitution républicaine me paraît impossible si on reste dans la légalité. La nation peut-elle être tenue de respecter une constitution faite contre elle?

Un président du Conseil des ministres doit, dans l'avenir, remplacer le président de la République.

Suppression de l'inamovibilité des magistrats.

Revision démocratique des codes.

Admission du divorce et de la recherche de la paternité.

Laïcisation des hôpitaux. Hôpitaux plus étendus et division par maladies pour empêcher la contagion.

Abolition des privilèges et du cumul des places.

L'expropriation pratiquée, sans que l'on paye convenablement l'exproprié, est un vol.

Un parti qui n'a pas la majorité n'a pas le droit de gouverner la nation ; c'est même criminel.

Autant que possible les palais, les parcs, les forêts doivent être à tous et chacun doit avoir au moins sa chaumière.

On peut être ouvrier sans être salarié, et salarié sans être ouvrier.

Au lieu de la guerre des classes il faut le partage des bénéfices. L'union pour la production : la paix sociale c'est le bien, et la guerre c'est le mal.

De quel droit fait-on payer à ses descendants la rente pour des emprunts non souscrits par eux ni pour eux, L'emprunt est toujours une sottise pour les États, les villes, les communes, comme pour les individus.

L'augmentation de la richesse sociale générale doit se faire par la science et le progrès, et non par la rapine sur les malheureux.

La misère des ouvriers engendre les haines, les révoltes, la destruction de la richesse sociale, la dépopulation.

Ceux qui n'ont d'autre but en recherchant le pouvoir que de s'enrichir, sont de faux républicains.

Ne pas souffrir que des gens plus royalistes ou plus impérialistes que les prétendants provoquent la guerre civile.

Il faut toujours empêcher le mal à son origine ; on se dispute toujours avant de se battre. Donc empêcher les discours et les écrits qui excitent à la révolte.

L'électeur doit toujours être le maître permanent et sans interrègne.

Les partis royalistes sout des bandes de frelons qui veulent vivre du travail des abeilles.

Être énergique pour soutenir ce qui est essentiel et être conciliant pour le reste.

La conquête pacifique peut se faire par les idées, mais il ne faut pas se laisser écraser par la force. Il faut toujours l'union de la force et du droit ; ne jamais faire marcher l'un sans l'autre.

La Chambre des représentants doit être une maison de verre même dans les bureaux : rendre publiques toutes les opinions.

Sans M. Gambetta il n'y aurait pas eu de Sénat, et alors pas de dissolution ni de 16 *Mai*. Les grands services de M. Gambetta se bornent donc à avoir enrayé un peu, à l'aide de l'opinion, ce qu'il aurait pu empêcher avec plus de prévoyance républicaine.

C'est lâche et criminel de dire à un peuple opprimé qu'il a le gouvernement qu'il mérite. Dire : Malheur ! aux vaincus et aux victimes, c'est une ignoble et indigne lâcheté.

Être sévère pour les ennemis de la République ; mais on ne prend pas les mouches avec du vinaigre et on ne convertit pas les gens à son opinion en les rudoyant.

Les abus renaissent tous les jours, et tous les jours il se commet des crimes ; on doit donc toujours combatire les uns et les autres.

La liberté illimitée est absurde ; ce serait le plus fort et le plus gueulard en paroles ou le plus insolent dans ses écrits qui aurait raison.

L'influence du milieu où l'on vit ne peut être niée. Donc il faut empêcher les causes des crimes et les prédications, discours et écrits qui poussent à les commettre.

Plus l'État a d'employés, moins ils font d'ouvrage ; car chacun compte sur son voisin pour faire le travail.

Le suffrage universel est la seule base juste pour donner la souveraineté du peuple. Les inventeurs du quatrième état ne disent pas par quoi ils le remplaceraient.

Pourquoi le recensement porte-t-il sur le nombre de catholiques, lorsque tout le monde sait que le baptême n'est qu'une habitude absurde et qu'il n'y a pas le quart des baptisés qui croient même un peu ?

L'infaillibilité du peuple est une chose vraisemblable.

Il y a trop de murs dans les campagnes ; cela enlaidit les pays et les rend malsains ; il faut, autant que possible, de sauts de loup ou des grilles.

L'État ne doit pas fabriquer ni faire d'entreprises ; il y a toujours trop d'employés qui travaillent très peu et qui, de plus, se croient des autorités.

Comme le progrès marche, il vaut bien mieux ne pas emprunter pour faire faire des travaux, car ils ne sont pas encore payés qu'il faut les réparer ou en faire d'autres. Les emprunts sont plutôt dans l'intérêt des spéculateurs, des hommes politiques et des entrepreneurs, que dans l'intérêt public.

Le clergé qui a fait vœu de chasteté, et le service militaire trop long, démoralisent le pays et nuisent à l'accroissement de la population.

Il faut rechercher le moyen d'empêcher la décroissance de la population, la démoralisation et aussi la dégénérescence de notre espèce.

Rechercher les moyens de faire un grand commerce sur les marchés étrangers sans sacrifier les marchés intérieurs.

Il faut que la Liberté, l'Égalité, la Fraternité et la Justice ne soient pas de vaines formules.

Il ne faut pas d'empereur, ni de dictateur, ni de stathouder de la République.

Quoique je sois Parisien, je ne crois pas à l'utilité actuellement d'une commune de Paris, surtout avec un maire de Paris ; elle pourrait être trop puissante. Je ne veux pas d'État dans l'État ; ni clergé, ni magistrature, ni armée, ni administration, ni commune, ni aucune société trop puissante.

Payer beaucoup d'impôts est un signe de richesse, disent les spéculateurs ; moi je dis que c'est un signe de décadence et de dilapidation.

Il faut absolument une réorganisation militaire, administrative, judiciaire, scientifique, industrielle, artistique, etc., etc.

Une bonne République est incompatible avec la constitution qui nous régit. Le Sénat jette de la défaveur sur notre République en entravant tout.

La Chambre des députés est la seule Chambre des représentants du peuple ; l'autre Chambre est inutile, ou plutôt très nuisible.

Notre système de police à Paris paraît bien mauvais : il est indispensable de le réformer. On doublerait le nombre des agents qu'on ne ferait guère mieux si on conservait le même système.

PÉTITION

ADRESSÉE A LA

CHAMBRE DES DÉPUTÉS

PAR LES CITOYENS E. DELAURIER ET E. WIART

POUR QU'IL SOIT CRÉÉ

UN COMPTE RENDU POPULAIRE OFFICIEL

DES TRAVAUX ET DÉBATS

DES ASSEMBLÉES LÉGISLATIVES ET ADMINISTRATIVES

Importance de notre projet.

MESSIEURS LES DÉPUTÉS,

Les journaux abondent, leurs titres se multiplient, la presse est libre de toutes entraves et son exploitation se fait à bon marché : il semblerait donc que les moyens d'information excèdent plutôt les besoins qu'ils ne font défaut. Cependant il n'en est rien.

Qu'est-ce qu'une information. un compte rendu?

Peut-on donner ce nom à un mensonge, à un demi-vérité, à une indication vague jusqu'à être incompréhensible, à un maigre entrefilet glissé entre une causerie quelconque et le cours de la Bourse ou celui de la température? Est-il possible que, pour des débats comme ceux de la Chambre et du Sénat, le lecteur ouvrier, le travailleur, qui a peu d'argent et peu de temps, doive se contenter de quelques lignes sur les affaires du pays et n'ait d'autre pâture intellectuelle que les faits divers les accidents et les crimes?

La presse est libre : tant mieux! Mais comment comprend-elle ses fonctions? Certains journaux, emportés jusqu'à la virulence, aveugles et sourds pour tout ce qui n'est pas l'intérêt de leur parti, de leur coterie, ne rédigent une analyse des débats parlementaires que pour fabriquer un *document* à l'appui de leur polémique enragée. D'autres, plus doux sinon plus honnêtes, ne donnent de publicité qu'aux discours qui leur plaisent. Les premiers défigurent, falsifient audacieusement; les seconds tronquent, passent et font la conspiration du silence. Le public, dans tous les cas, est abusé, reste dans l'ignorance, se laisse berner, et apporte ses quelques sous quotidiens pour alimenter des organes politiques qui s'attachent à lui faire prendre des vessies pour des lanternes, le rouge pour le blanc et réciproquement, et l'éclat de leur littérature pour celui du soleil.

Du reste nous ne pouvons supposer une presse idéale, c'est-à-dire, aussi pavée de dévouement et d'abnégation que l'enfer du Dante est pavé de bonnes intentions. Beaucoup de journaux, sinon tous, ont pour chefs omnipotents des hommes pour qui la politique n'est qu'un moyen mis au service de leurs intérêts et un instrument de fortune personnelle. Suivant les nécessités ou les hasards de leurs spéculations, ils patronnent, et souvent malgré eux, tel ou tel ministre, député ou sénateur; ils soutiennent tel ou tel parti, sauf, de temps à autre, à briser leur idole de la veille, à brûler ce qu'ils adoraient et à devenir les adversaires haineux de ceux qui étaient leurs compagnons ou les chefs d'école dont ils se disaient les disciples convaincus. Entre leurs mains, un journal devient uniquement l'organe d'un groupe.

Forcément, lorsqu'une personne du parti a parlé, le journal reproduit son discours dans toute son ampleur et si largement, même, qu'il ne reste plus de place pour l'opinion contraire. Ce discours fourbi

par les meilleures plumes de la rédaction, s'impose
à l'œil du lecteur comme un tableau sur la cimaise,
et les rédacteurs, copiant le chœur antique, l'enca-
drent de mirifiques et copieux éloges. Aussi le lecteur, qui tombe au bon jour sur certain journal, est
on ne peut mieux renseigné sur ce qu'a dit ou est
censé avoir dit M. X. ou M. Y., et l'est d'une façon
si surabondante que, en dehors des paroles de
l'oracle du lieu, il ne sait rien de la question.

Tout cela est affaire de boutique et agissements
de côterie, mais n'est nullement au profit du bon
peuple qui ne peut, même en choisissant chaque
jour le journal qui fait la parade, arriver à entendre
autre chose que le son d'une seule cloche et les
flonsflons d'une seule musique. Supposez, en effet,
que, dans une discussion comme celle du budget
et sur un point capital, MM. Léon Say, Clémenceau,
Lockroy, Gambetta, discourent et argumentent; le
modeste citoyen, qui voudra connaître ce qu'il en
est, d'après les dires et opinions diverses des orateurs compétents ou réputés tels, aura à se procurer
les *Débats*, la *Justice*, le *Rappel* et la *République
française* », sacrifice qui ne peut se faire que de
temps à autre.

Il y a, il est vrai, un moyen qui paraît plus simple :

c'est de lire l'*Officiel*. Mais d'abord on ne le trouve qu'assez difficilement; ce qui abonde pour l'acheteur, ce sont les petits journaux à un sou, qui ont rendu de grands services et peuvent en rendre encore, mais qui, pour satisfaire la catégorie la plus nombreuse de leur clientèle, remplacent le récit des faits sérieux par les débats des cours d'assises et les échos de la police correctionnelle : lecture, en général, peu saine et peu morale. Ceux que l'on trouve ensuite en plus grand nombre suivent tous une ligne étroite et égoïste, parlent ou se taisent suivant leurs goûts, leurs intérêts, leurs rancunes, leurs petites machinations politiques. Ces journaux pullulent : l'*Officiel* est introuvable.

Du reste il est ennuyeux, encombré de listes de nominations, dont le lecteur ordinaire n'a que faire, et du texte intégral des lois et arrêtés qui, pour tout autre qu'un spécialiste, est incompréhensible ou inutile; il est, de plus, trop cher, trop long à lire et ne convient qu'aux gens de loisir, dont le temps est vague, et aux hommes d'affaires qui y trouvent les renseignements dont ils ont besoin.

L'*Officiel* s'adresse donc à une classe déterminée de lecteurs; pour les autres il est comme s'il n'existait pas et on peut en dire autant des autres publications administratives plus spéciales.

Or si, ce qui ne peut être contesté en république, le peuple est le maître, il est nécessaire qu'il puisse savoir facilement et promptement de quelle manière on use de la délégation de sa puissance, comment on le fait parler, comment on agit pour lui. Ce n'est qu'un strict devoir pour ses intendants, pour ses gérants de lui rendre des comptes journaliers, clairs, simples et surtout sincères et qui ne peuvent être en aucune façon remplacées par des réunions électorales annuelles. Celles-ci sont esquivées, le plus souvent, malgré toutes promesses, par les mandataires; elles viennent trop longtemps après les actes; elles se restreignent aux agissements des seuls membres du corps législatif; elles ne portent que sur les résolutions d'une seule assemblée; elles ne sont, enfin, qu'un vain simulacre de jugement où le parti pris, l'humeur et l'ignorance jouent le plus grand sinon l'unique rôle.

On ne peut demander au gouvernement et aux bureaux des assemblées de faire un journal d'État qui, par certains points, ressemblerait à tous les autres journaux. On n'a pas à revenir à la pratique impériale qui faisait passer les plaidoyers de ses défenseurs officieux à l'aide d'un feuilleton de Mürger ou d'une chronique théâtrale de Théophile Gautier; mais ce que l'on peut réclamer à l'ensemble de notre administration c'est un *bulletin populaire*, répandu, accessible à tous, d'une lecture facile, conçu et rédigé de façon à être véritablement utile et instructif, et qui contiendrait l'analyse réelle des débats des assemblées délibérantes, le résumé des rapports des grandes commissions d'études et de légifération, le sommaire clair, compréhensible et facile à retenir des lois nouvelles et des arrêtés d'intérêt général.

Par le fait que nous sommes tous membres gouvernants, que tous nous participons au pouvoir, nous devons, dans une certaine mesure et comme les administrateurs, préfets, maires, etc., être mis au courant de tout ce qui touche à l'État et à nos conditions d'être politiquement et légalement.

Avantages.

Ce *Bulletin*, donc, nous y avons des droits ; de plus il procurerait de tels avantages qu'il pourrait paraître étrange qu'on n'y eût pas songé, au moins sérieusement, dès l'origine, si on ne se rappelait que plusieurs d'entre ceux qui ont administré la République étaient, il y a peu d'années encore, ceux-là mêmes qui conspiraient pour sa ruine avec le plus d'ardeur.

Remarquons d'abord que, rédigé d'une façon spéciale et ne portant que sur des sujets déterminés, il ne peut, en aucune manière, faire concurrence aux autres journaux et nuire d'une façon sensible à leur débit.

Il serait tout à l'honneur des citoyens qui, dans nos assemblées officielles, remplissent consciencieusement le mandat accepté. Leurs votes et la raison de ces votes, leurs travaux, leurs discours, leurs efforts pour le bien et contre le mal ne resteraient pas inconnus pour la grande majorité de la nation. Les uns seraient plus estimés, les autres moins calomniés ; les véritables et dangereux adversaires d'une libre république seraient connus de tous et bientôt montrés au doigt et conspués, ils se trouveraient, au jour de l'élection, exécutés sans phrases et par une commune conviction. L'électeur, réellement instruit des faits et paroles de ses députés à tous les degrés, saurait en qui il peut avoir confiance ; le mandataire, constamment surveillé, aurait moins de défaillances, pèserait plus scrupuleusement ses décisions et le niveau moral de nos assemblées s'en trouverait accru.

Mais il est un rôle plus élevé encore que jouerait le *Bulletin* dont nous demandons la création. Il serait d'abord un correctif, mais un correctif purement moral à la liberté de la Presse : ce serait le témoin impartial que chacun peut consulter à son heure pour se former une opinion, pour dégager son jugement personnel des mailles étroites des partis et échapper aux enlacements des avocasseries du journalisme de toutes les opinions et de toutes les nuances. Il serait, en outre, une œuvre de haute et urgente morale, et voici en quoi :

Les journaux d'écoles diverses font en général, disions-nous plus haut, acte de violence, d'exagération, d'injustice ; certains vont jusqu'à la mauvaise foi et la calomnie. Un bon citoyen, indépendant, intègre, logique, peut facilement arriver à une invincible répugnance pour ces luttes intéressées, ces récriminations furieuses, ces appréciations étranges et absurdes qui encombrent les colonnes d'un beaucoup trop grand nombre d'organes politiques. Il peut lui arriver alors de prendre le parti de ne rien lire, n'étant pas, comme M. Alexandre Dumas, abonné à la *Gazette de Hongrie*. Ne lisant rien, il se désintéresse vite des affaires du pays ; il n'a plus ni opinion ni vouloir. S'il ne s'abstient pas absolument, il est d'une inactivité telle qu'il ne compte pour rien, lui qui devrait être justement le meilleur et le plus solide élément d'action et d'appui de la République. Un journal spécial et impartial serait propre à prévenir l'indifférence et l'abstention, c'est-à-dire un grave danger, si l'inertie en matière politique devenait endémique. Le *compte rendu populaire* aurait encore la vertu de corriger, ou du moins d'atténuer considérablement ce défaut, car les débats parlementaires peuvent être d'un grand enseignement pour former, ce qui est capital, nos mœurs politiques.

En effet les Français peu instruits, et par malheur ils sont nombreux, — non façonnés encore à la pratique d'un gouvernement démocratique, — et ceux-là se comptent par centaines de mille, — peuvent y apprendre que l'endurance de l'opinion d'autrui, la discussion froide des idées adverses, la critique de leurs opinions personnelles tolérée et écoutée, le respect du contradicteur et de soi-même, la raillerie fine et spirituelle substituée à l'injure grossière et plate, la modération des termes, la connaissance du sujet, la clarté de l'exposition et parfois, si le talent existe, l'entraînement d'une parole

éloquentes, ont les conditions indispensables de toute
élaboration en commun. Est-ce cela qu'ils peuvent
apprendre dans la presque totalité des journaux que
leur offre le commerce de la Presse ? Que leur donne-
t-on, non comme un aliment sain, mais comme un
régal de curiosité qui n'a d'inférieur en immoralité
que les écrits pornographiques de ces derniers
temps ? Les séances à sensation, c'est-à-dire à scandale, les révoltes entêtées et stupides d'un Baudry
d'Asson, les insultes par mots et même par gestes à la
discipline d'une assemblée, les divagations gâteuses
d'un Gavardie, les interruptions brutales, les dé-
mentis cyniques, les rébellions, les révoltes. Un
scandale parlementaire a-t-il lieu, il est connu de
tous, dans tous ses détails, et mis en lumière, com-
menté, relevé avec autant de soin qu'une grosse
affaire criminelle ou un attentat hideux : tandis que
la contre-partie, la discussion habituelle, sérieuse
et modérée, honneur et sauvegarde de la tribune
française, est complètement ignorée. L'accident, le
fait anormal, reçoit une immense publicité ; le régime normal, la coutume, le faire de tous les jours,
passent inaperçus. C'est donc sur ces déplorables
exemples, sur ces incidents, où la passion personnelle est seule en jeu, que se calquent, avec l'exa-

gération naturelle à certains milieux, les assemblées démocratiques. De là toutes les violences regrettables et ridicules qu'on y relève. Pour une fois qu'une réunion fait justice sommaire d'un député indigne, dans neuf autres circonstances la liberté de la parole est violée, l'idée est arrêtée sur les lèvres de celui qui a le droit de l'exprimer. Sur la pente où nous sommes, la tribune des réunions populaires deviendra inabordable, et nos mœurs politiques seront fort mal jugées, tant à l'Étranger que dans certaines parties peu éclairées du pays, sur quelques mauvais et faux échantillons.

L'exemple peut et doit venir d'en haut et consiste ici uniquement à ce que la vérité soit connue. Un *Bulletin* tel que nous le demandons, Messieurs les Députés, peut apprendre aux politiciens de bonne volonté, et cela par la connaissance des discussions de nos assemblées, que le progrès réside dans l'idée, l'étude, les réformes, les créations utiles, et non dans les violences de langage et dans les divagations.

Chaque branche du puissant enseignement que la France républicaine organise a ses organes, ses moyens d'information, ses comptes rendus. L'enseignement politique s'impose, car le progrès et la stabilité de la nation sont au prix de sa paix intérieure, du calme de ses membres, de la justesse de leurs idées, de la modération de leurs discours et de leurs actes. L'enseignement politique, quoique dérivant de tous les autres et y ayant sa base, les prime tous pour la pratique et l'urgence. Messieurs les Députés, un *Bulletin politique populaire* ou plutôt un *Bulletin populaire d'éducation politique,* s'il vous plaît!

Ce Bulletin aurait enfin un dernier avantage. On a assez crié contre l'axiome imposé par la force des choses que nul n'est censé ignorer la loi. On va enseigner celle-ci « *grosso modo* » dans les écoles, et faire disparaître autant que possible cette anomalie choquante au plus haut point d'hommes instruits sur bien des choses, mais tenus dans l'ignorance de ce que la règle sociale leur impose le plus strictement. Il y a lieu d'admettre que, les esprits une fois mis sur cette voie dès le jeune âge, l'attention des hommes mûrs continuera à se porter sur la connaissance de nos lois, sur leur importance morale et pratique. Mais on ne codifie pas tous les jours ; chaque mois, ni même chaque année, n'apporte pas quelques livres d'ensemble bien faits, comme certains que nous avons déjà, et qui se trouvent au courant du mouvement continuel de la

législation. Puis, en dehors de la loi proprement
dite, il y a dans les arrêtés administratifs, plus
mobiles et plus changeants encore, mille choses utiles et bonnes à connaître et que chacun aurait intérêt à savoir nettement et à retenir dans la mesure
de sa condition, de sa profession, de sa manière de
vivre. Où trouver tout cela? Où l'apprendre au
jour le jour sans s'en douter, sans peine par conséquent, et aussi de manière à le mieux savoir, à
le mieux comprendre par les faits, les circonstances,
les débats qui conduisent à la promulgation de la
loi, de la règle? Nulle part ailleurs et aussi bien que
dans le *Bulletin* que nous demandons.

Conditions.

Seulement il faudrait, pour que tout cela fût, que
le *Compte rendu populaire* existât dans certaines
conditions de rédaction, d'exploitation et de mise
entre les mains du public fort bien étudiées, les
meilleures possible, et sur lesquelles nous nous
permettrons de donner quelques détails, sans avoir
la prétention de tracer un plan et de fixer un programme.

I. Les matières du *Bulletin* devraient être, suivant nous, tout au moins :

(*A*). 1° Pour toute la France :

— Les comptes rendus de la Chambre, du Sénat, du Conseil d'État, de la Cour des Comptes, des Commissions extra-parlementaires importantes ; cela, non seulement pour les débats, mais encore pour les rapports qui y sont déposés.

2° Pour chaque ville :

— Les comptes rendus des Conseils généraux, d'arrondissement ou cantonaux et municipaux du ressort.

(*B*). Les résumés convenables des lois et arrêtés administratifs d'intérêt général.

(*C*). Les résultats satistiques officiels.

II. La valeur morale du *Bulletin*, c'est-à-dire celle qu'il peut avoir comme autorité pour former l'opinion publique, pour être un document de l'histoire vécue et un témoin des faits contemporains, c'est sa véracité absolue et sa complète impartialité. Ces qualités nous semblent devoir être réalisées si la rédaction de chacune de ses parties est faite sous la responsabilité des bureaux des différentes assemblées dont il donne les comptes rendus. En effet, dès l'instant où ceux-ci deviennent officiels, ils sont soumis au contrôle de tous les membres des assemblées ; ils comptent aux procès-verbaux et peuvent être l'objet de demandes de rectification. La simple possibilité que possède un membre intéressé dans le compte rendu à en relever, le cas échéant, les erreurs, est la meilleure de toutes les garanties et constitue un contrôle permanent qui permet une entière confiance dans l'œuvre, dans le texte qui subsiste sans avoir soulevé de protestation.

Ainsi rédaction du Bulletin soit par les bureaux, soit sous la responsabilité des bureaux des assemblées.

III. La valeur effective de ce même Bulletin, c'est-à-dire celle qu'il aura sur les esprits pour convaincre, dépend de la façon dont il sera rédigé. S'il s'agit d'un compte rendu de séance, la méthode habituelle du « Temps » et de quelques journaux bien rédigés devrait être suivie. Elle consiste à analyser et à résumer d'une façon précise et complète tout ce qui autrement ferait longueur et à citer textuellement les passages marquants soit au point de vue unique du fond de la question, soit à celui d'une expression éloquente.

Pour les analyses de rapports, il ne peut plus y

avoir de règle générale comme la précédente. La chose à faire est de les confier à des hommes compétents, spéciaux pour chaque nature de travail et, au besoin, de les demander aux rapporteurs eux-mêmes, qui s'y prêteront généralement d'autant mieux que, outre la certitude de rendre service à un très grand nombre de leurs concitoyens, ils auront la satisfaction de vulgariser leur œuvre et de répandre leurs idées.

Ce qu'il y a à éviter, par conséquent, c'est d'y employer des plumes bonnes à tout faire, mais qui, ainsi que cela arrive pour les questions scientifiques, ne justifient que trop le proverbe : « Traducteur, trahisseur ».

Enfin pour les lois, règlements et arrêtés, on doit s'inspirer de cette idée : qu'il faut être compris et retenu. Par conséquent la plus grande concision, la plus nette clarté et cependant, au besoin, un commentaire; car on s'adresse à tous ceux qui savent lire et non pas seulement à des juristes. Il faut expliquer le langage barbare, et, au fond, moins précis qu'on le croit, des magistrats ou, beaucoup mieux et plus simplement, employer les termes équivalents du langage courant; ne prendre aucun souci du texte, bon seulement pour les juges et les administrateurs, et ne s'attacher qu'à rendre l'idée qui est à retenir.

Un bulletin rétrospectif serait sans action et sans attrait pour un grand nombre de personnes ; il viendrait entre les mains d'hommes ayant déjà reçu l'impression des journaux et chez lesquels la vérité se heurterait souvent à un parti pris, à une opinion acquise. Il faut donc un bulletin quotidien dont les documents soient une primeur au lieu qu'ils puissent avoir l'apparence d'une rengaine.

IV. La valeur utile ne peut être obtenue que si le *compte rendu officiel* que nous réclamons n'est pas uniquement « populaire » par son titre, mais bien par sa diffusion dans les classes sociales les moins riches d'argent et de loisir.

Il faut donc que le prix en soit aussi modeste que possible, qu'il se trouve partout en vente et sollicite, en quelque sorte, l'acheteur : ce qui ne peut s'obtenir qu'en faisant de bonnes conditions aux marchands de journaux. Il faut, en outre, que sa lecture puisse être au besoin gratuite, c'est-à-dire qu'il soit affiché aux mairies, aux écoles et à tous les édifices publics où cela peut être fait sans inconvénient. Il faut enfin qu'il se trouve en collections dans les bibliothèques, surtout celles populaires.

Ajoutez-y une table mensuelle, un table annuelle, puis d'autres tables qui résument une période de quatre ans, par exemple, comme celle des assemblées législatives, et vous aurez mis aux mains des citoyens un bon et utile livre d'instruction et d'éducation politiques.

Lss collections de bibliothèques publiques et populaires ont du reste une importance qui ne saurait être méconnue. Il faut que dans ces bibliothèques tout citoyen puisse trouver, mais trouver facilement, tous les renseignements dont il a besoin pour participer à la gestion des intérêts public, intervenir en connaissance de cause, éviter les agissements inutiles, les plaintes mal fondées, les espérances chimériques, comme aussi y puiser la conviction de ses droits, la connaissance de ses devoirs et la volonté, l'énergie de faire respecter les uns et d'accomplir les autres.

Les soussignés, Messieurs les Députés, en adressant la présente pétition au Corps législatif, espèrent qu'elle y sera prise en sérieuse considération. La majorité de la Législature actuelle a déjà prouvé grandement et à plusieurs fois la sincérité de ses sentiments démocratiques et la ferme volonté de soutenir la marche de la république vers le progrès et la justice absolue. Nous croyons que la mesure par nous proposée peut y aider dans une assez large mesure, et nous la recommandons, avec toute confiance, à votre bienveillante et patriotique attention.

Un ministre, terminant son discours sur le budget, vous rappelait, il y a quelques mois, une épitaphe célèbre. Faites qu'elle puisse être inscrite sur la tombe de chaque bon citoyen. Donnez aux humbles, aux actifs, à ceux dont les besoins de la vie matérielle réclament un travail presque continu, les moyens de connaître le *vrai*. Vous verrez avec quelle ardeur ils le rechercheront alors, et au « coluit veritatem » que chacun aura mérité, les actes, conséquence naturelle de cette recherche, permettront d'ajouter « dilexit patriam ».

Résumé.

Un *compte rendu populaire officiel* est nécessaire, parce qu'il n'y a aucun journal existant qui puisse rendre les mêmes services. Il est de droit, parce que les citoyens de toutes classes, participant au pouvoir souverain, peuvent exiger que les renseignements qui leur sont nécessaires leur soient donnés avec toutes les facilités désirables.

Ce compte rendu aurait pour principaux avantages de mettre en lumière les travaux des représentants qui remplissent leurs devoirs ; de renseigner l'électeur sur ceux de ces mandataires en qui il peut avoir une loyale confiance ; de servir de correctif à la liberté de la presse ; d'être un journal d'enseignement pour les mœurs politiques et la connaissance des lois nouvelles.

Ledit compte rendu ne peut être utile que si sa véracité est certaine et son impartialité absolue ; que si sa rédaction est intelligemment et pratiquement faite ; que si, enfin, il est largement mis à la disposition du public par des marchands de journaux garantis de toute perte.

Paris, le 12 novembre 1882.

OBSERVATIONS

ADRESSÉES A MESSIEURS LES CONSEILLERS MUNICI-
PAUX DE LA VILLE DE PARIS POUR INDIQUER LES
MOYENS D'EMPÊCHER LES PRINCIPAUX ACCIDENTS,
SINISTRES, ETC.

Je me suis occupé depuis très longtemps des moyens d'empêcher les accidents. J'ai proposé, il y a une quarantaine d'années au moins, de mettre des jambes de force ou béquilles sous le devant des voitures à deux roues pour que le cheval placé dans les brancards, venant à tomber, il n'y ait pas d'accidents ni pour les personnes ni pour le cheval qui est souvent alors écrasé par le chargement de la voiture. Cette idée m'a été suggérée parce que, demeurant alors dans une rue où il y avait beaucoup d'encombrements de voitures (la rue Saint-Martin, à Paris), j'ai été témoin d'une foule d'accidents.

J'ai vu plusieurs fois le cheval d'un cabriolet à deux roues glisser et tomber; le cocher et le voyageur étaient précipités par-dessus le cheval et se brisaient la tête sur le pavé. J'ai vu des fardiers à deux roues dont le limonier, venant à tomber sur le pavé gras et glissant, était écrasé par des pierres de taille, ou était assommé par des moellons. Je ne suis certainement pas le seul qui ai eu l'idée de remédier à un accident et à proposer un moyen qui doit être venu à l'esprit de bien des personnes. Cependant on voit tous les jours des voitures à deux roues qui n'ont pas cet organe indispensable. Ne devrait-on pas l'imposer à toutes les voitures de ce genre qui circulent dans Paris; cela coûte si peu et rendrait tant de services!

Vers la même époque j'ai indiqué les *refuges* que l'on établit actuellement, mais pas en assez grand nombre : il serait bon de les multiplier beaucoup plus.

Je me suis occupé aussi d'un appareil pour arrêter les chevaux qui s'emportent en leur ôtant tout à coup la lumière. Ce procédé des plus simples pourrait être d'ordonnance pour les chevaux de luxe qui sont les plus enclins à prendre des allures désordonnées.

Je ne parlerai ici de mes procédés pour détruire le *grisou* dans les mines de houille et du perfectionnement de l'emploi de l'huile contre les naufrages, que pour prouver que tout ce qui est utile aux hommes ne m'est pas indifférent.

Pour parler d'une chose d'une grande utilité à Paris, je dirai à Messieurs les Conseillers municipaux que je me suis fait breveter, il y a quelques années, pour différents appareils préservateurs des accidents de voitures applicables à tous les véhicules, tramways, chemins de fer, etc. Le Conseil municipal de l'époque a imposé aux compagnies de tramways et d'omnibus de se servir de préservateurs d'accidents. Au lieu de ce que j'avais imaginé, ces compagnies ont fait établir des espèces de chasse-pierres qui ne sont guère efficaces, et cela, sans doute, d'abord pour ne pas avoir à me payer une redevance, et, en second lieu, parce que leurs ingénieurs auraient été froissés qu'on eût trouvé quelque chose de bon et d'utile auquel ils n'avaient pas songé avant moi.

N'ayant pas donné suite à mon brevet pour ne pas entraver des applications utiles à l'humanité, je crois devoir proposer que l'on force au moins toutes les voitures privilégiées par la ville à avoir des appareils sérieux pour empêcher les roues de ces véhicules d'écraser les passants. Si mon système est imparfait, que l'on fasse mieux : j'en serai charmé. Ce ne sera pas difficile avec tant d'ingénieurs que nous avons.

Il y a une foule d'industries dangereuses ou malsaines dont on ne devrait pas permettre l'exercice à l'intérieur de Paris ou même dans son voisinage. Elles doivent être une des causes principales de la dépopulation. Les décapeurs à l'eau-forte (acide azotique), les argenteurs au mercure ou à la pile Bunsen, qui dégage des vapeurs d'acide hypoazotique et du bioxyde d'azote, sont cause de bien des maladies du poumon et des voies respiratoires.

Les fondeurs en caractères, qui habitent dans des locaux trop étroits, et une foule d'autres industries aussi funestes pour l'hygiène, pullulent à Paris. Il est évident que cela est plus commode pour les ouvriers et les fabricants et que le prix de revient pourrait être légèrement plus élevé si on les renvoyait de Paris. Mais la fortune publique n'en serait que plus grande, puisqu'on ne détruirait pas la vie des ouvriers, la source du travail, la poule aux œufs d'or. La concurrence resterait la même, et alors personne ne serait ruiné; au contraire, puisque les familles d'ouvriers ne perdraient pas leurs chefs à la fleur de l'âge, épuisés qu'ils sont par des travaux malsains ou dangereux.

Je ne sais si une industrie très insalubre existe encore, mais on a longtemps permis à une boyauderie d'empoisonner le petit bras de la Seine entre Paris et le Bas-Meudon. Que de maladies charbonneuses cela a causées! De plus il était impossible de boire de l'eau du fleuve, et les poissons euxmêmes, qui se hasardaient dans ces parages, périssaient et augmentaient la corruption.

Je viens ici surtout plaider contre les dangers d'incendie! Pourquoi permet-on d'établir des fonderies, des fourneaux et des machines à vapeur dans des hangars en bois? Pourquoi permet-on, dans un centre de population aussi compact, d'avoir des scieries de découpage de bois à la vapeur, lorsqu'à chaque instant on voit des incendies allumés dans ces ateliers? Pourquoi souffre-t-on que des industriels, qui ont été incendiés deux fois, puissent, au grand danger de leurs voisins, se rétablir au même endroit? Je voudrais que l'on supprime à Paris tout ce qui est malsain ou trop combustible : artificiers, distillateurs, fabricants de vernis, scieries à vapeur, grands entrepreneurs de menuiserie et d'objets en bois.

Pour en revenir aux scieries à vapeur qui causent tant de sinistres, non seulement il serait de la plus haute importance de les éloigner de toute habitation, mais encore il faudrait que les machines à vapeurs transmettent la force aux scies à l'aide de liaisons funiculaires ou par l'électricité, pour que les foyers du générateur ne soient pas trop près du bois que l'on découpe. Les moteurs devraient toujours être dans des constructions en pierres, fer et briques.

En imposant ces charges aux chefs de ces établissements on ne les ruine pas, car ils pourront vendre plus cher, d'autant plus que l'ensemble de la population sera moins éprouvé par les sinistres. Il n'y aura de perte pour personne, mais plutôt du gain.

Les filatures doivent ainsi être isolées et divisées en plusieurs petits corps de bâtiments pas trop près l'un de l'autre, pour que l'incendie ne puisse pas se propager, et on devra toujours employer la pierre la brique et le fer pour la construction.

On peut objecter que si ces fabriques sont assurées, les compagnies d'assurance payent les dommages. Il est bien possible que les manufactures ne perdent rien, ce qui n'est pas toujours certain, car les compagnies font souvent des procès et n'aiment pas à payer; mais cet argent, à qui est-il pris? Aux actionnaires, c'est-à-dire à tout le monde économe; ce sera donc toujours une perte sur la richesse sociale générale. Il y aussi les nombreux ouvriers que les incendies mettent sur le pavé. Qui leur donnera du pain jusqu'à ce que la fabrique soit rétablie, — si on la rétablit? N'est-ce donc rien que priver tout à coup de travail une foule d'ouvriers courageux?

En ce moment on continue de permettre aux théâtres de s'éclairer par le gaz si dangereux, alors qu'un grand nombre de catastrophes ont fait tant de victimes et détruit tant de richesses comme à Vienne et à Nice. Il faut forcer les administrations des théâtres ou à employer l'huile, ce qui est un procédé bien arriéré, ou à se servir de l'électricité. Ce gaz a trop prouvé qu'il n'est qu'un affreux *grisou* plus dangereux que l'autre.

Puisque la vie humaine n'est d'aucun souci pour les compagnies qui ne songent qu'à leur bénéfice, la justice devrait accorder au moins des sommes considérables par chaque personne tuée, alors même qu'il n'y aurait pas d'héritiers; cela reviendrait aux pauvres. Il faudrait aussi indemniser très largement les blessés et condamner les directeurs et les employés coupables à quelques années de prison pour homicide et blessures par imprudence. On pourrait en faire autant pour les directeurs qui, après l'expérience faite, continueraient à se servir de cet éclairage meurtrier.

Les compagnies ne devraient plus souscrire de polices d'assurance aux gens qui s'éclairent à l'hydrogène carboné qui se transforme si facilement en gaz détonant par son mélange avec l'air. Le gaz est asphyxiant, explosif, malsain ; et chauffe trop, s'enflamme trop facilement sur une grande étendue, détruit les peintures, etc., etc.

J'affirme à Messieurs les Conseillers municipaux que l'on peut éclairer les rues de Paris presque gratuitement par l'électricité à l'aide de la force motrice de la Seine, ou par celle produite par l'agitation des vagues de l'Océan, maintenant que le problème du transport de la force motrice est résolu. En adoptant ces idées, Messieurs les Conseillers ne seront plus responsables des accidents qui peuvent arriver par le gaz.

En ce moment les employés du laboratoire de la Préfecture de police ont un très beau et très grand zèle pour poursuivre les contrefacteurs de boissons et d'aliments. Seulement ne dépasse-t-on pas un peu trop le but en nous faisant croire que nous sommes généralement des empoisonneurs ou des empoisonnés? Lorsque l'on voit que sur 500 échantillons il n'y en a que 15 bons, 150 passables et 355 mauvais, par exemple, le public doit être effrayé, et doit prendre la plupart des épiciers et des marchands de vin pour des empoisonneurs et des voleurs. Est-ce là le but que l'on veut atteindre en publiant ces résultats fantaisistes? Quelles garanties les commerçants ont-ils de la précision de ces analyses secrètes, et ensuite que trouve-t-on dans ces aliments et ces boissons?

N'est-ce pas un peu le système de l'inquisition qui condamne sans témoins?

Je ne crois pas à l'exactitude de ces analyses, et je dis que c'est faire un tort considérable au commerce de Paris de les publier, si elles sont fausses. Si elles sont faites avec tout le soin possible, pourquoi ne dit-on pas que cela a été examiné sur des échantillons que les dégustateurs ont déjà trouvés mauvais, car dans les administrations on ne doit jamais donner tort aux autres employés, au moins devant le public?

Pour en terminer je propose donc à Messieurs les Conseillers municipaux plusieurs moyens pour préserver les habitants de Paris des catastrophes, accidents et sinistres et, en même temps, quelques idées utiles pour la santé, le bien-être général par l'augmentation de la richesse publique, car je ne suis pas de l'école de M. Thiers, le bombardeur de Paris, ni des collectivistes qui veulent aussi gouverner par la force sans tenir compte de l'opinion générale.

CONCLUSION

Il ne faut pas que le gouvernement actuel se le dissimule, il y a un sourd mécontentement dans la majorité de la nation. Ce mécontentement se traduit facilement par les agitations royalistes et anarchistes ; mais ce sont des signes précurseurs qu'il ne faut pas négliger.

La République n'est pas le pouvoir retiré à quelques hommes pour le donner à d'autres ; elle doit améliorer le sort de tous, fonder la véritable justice, marcher vers le progrès. Nous piétinons sur place parce que, d'après la Constitution actuelle, ce n'est pas un gouvernement républicain que nous avons, mais une véritable monarchie constitutionnelle avec le « statu quo » qui s'allie si bien avec ce système hybride. J'ai indiqué les moyens de sortir de cette impasse où nous ont enfermés les roueries de la majorité de la Chambre réactionnaire de 1871.

Ce n'est certainement pas avec le *scrutin de liste* si cher à M. Gambetta que nous triompherons des résistances, ni même avec un Congrès des deux Chambres. C'est moins du désaccord des partis à la Chambre que de ceux en dehors d'elle que viennent les obstacles.

Actuellement nous avons une apparence de monarchie portant le nom de république, et qui compromet ce nom qui devrait être vénéré.

Avec le système gambettiste nous n'aurions même plus besoin d'étiquette républicaine, car nous aurions un véritable empereur et nos monnaies porteraient sur la face :

Léon Ier *imperator*; — Sur le revers : *République française* et à l'exergue l'inscription latine : *Domine, salvum fac imperatorem.*

N'avons-nous pas vu déjà à peu près cela sur les pièces du premier empire?

J'ai proposé beaucoup de réformes dans ce petit volume. La plupart sont très urgentes, mais du train dont vont les choses ce n'est pas dans mille ans que l'on arriverait à les opérer.

M. Thiers, lorsqu'il était président de la République (grâce au scrutin de liste), a dit ces paroles qui étaient, vu sa position, une insolente menace :

La République sera CONSERVATRICE, *ou elle ne sera pas.* Moi je dis, dans ma conscience de simple citoyen :

La République sera RÉFORMATRICE, *ou elle ne sera pas.*

DELAURIER.

TABLE DES MATIÈRES

7015 — Imprimerie A. Lahure, 9, rue de Fleurus. Paris.

7015 — PARIS, IMPRIMERIE GÉNÉRALE A. LAHURE

9 rue de Fleurus 9

www.ingramcontent.com/pod-product-compliance
Ingram Content Group UK Ltd.
Pitfield, Milton Keynes, MK11 3LW, UK
UKHW022331090726
13658UKWH00001B/219